腳下魔法
叛逆拉美

從初代霸主到足球王國
由毒梟經濟到國際關係
走進歷史的足球旅行

李文雋 著

1841
一八四一

時光流逝，我最終學會了接受自己是個什麼樣的人：

我是一個精彩足球的乞討者。

我行走在人世間，雙臂張開，在球場中向上天乞求：

給我一個漂亮的足球動作吧，看在上帝的份上！

——愛德華多・加萊亞諾（Eduardo Galeano），

《足球往事：那些陽光與陰影下的美麗與憂傷》（El fútbol a sol y sombra）

體例說明

書中香港詞彙、用字按原文保留，球員／球會／地名等以香港翻譯為準，以免混淆，書末附有譯名對照表。

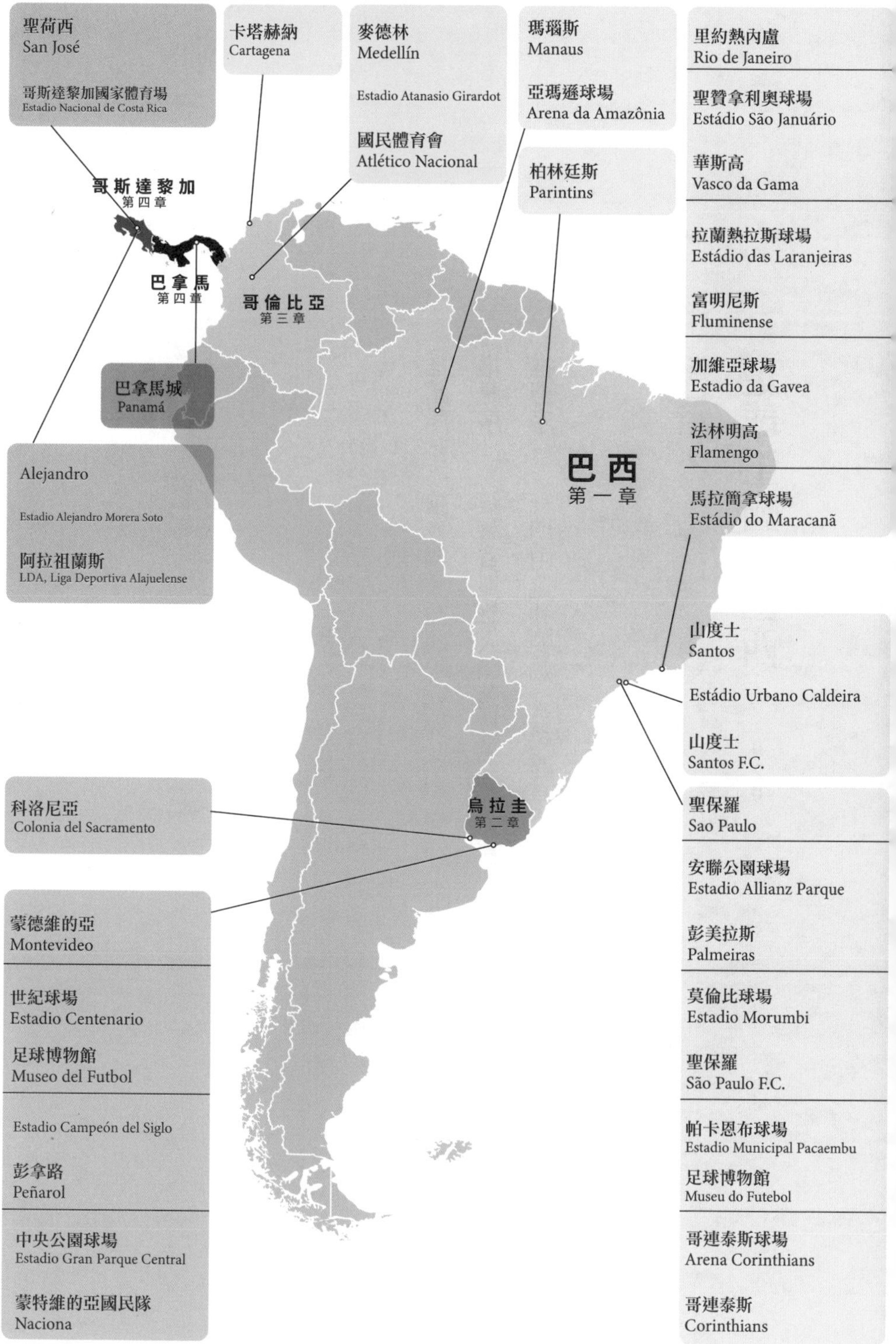

聖荷西
San José
哥斯達黎加國家體育場
Estadio Nacional de Costa Rica
卡塔赫納
Cartagena
麥德林
Medellín
Estadio Atanasio Girardot
國民體育會
Atlético Nacional
瑪瑙斯
Manaus
亞瑪遜球場
Arena da Amazônia
柏林廷斯
Parintins
里約熱內盧
Rio de Janeiro
聖贊拿利奧球場
Estádio São Januário
華斯高
Vasco da Gama
拉蘭熱拉斯球場
Estádio das Laranjeiras
富明尼斯
Fluminense
加維亞球場
Estadio da Gavea
法林明高
Flamengo
馬拉簡拿球場
Estádio do Maracanã
哥斯達黎加
第四章
巴拿馬
第四章
哥倫比亞
第三章
巴西
第一章
巴拿馬城
Panamá
Alejandro
Estadio Alejandro Morera Soto
阿拉祖蘭斯
LDA, Liga Deportiva Alajuelense
山度士
Santos
Estádio Urbano Caldeira
山度士
Santos F.C.
烏拉圭
第二章
科洛尼亞
Colonia del Sacramento
聖保羅
Sao Paulo
安聯公園球場
Estadio Allianz Parque
彭美拉斯
Palmeiras
蒙德維的亞
Montevideo
世紀球場
Estadio Centenario
足球博物館
Museo del Futbol
莫倫比球場
Estadio Morumbi
聖保羅
São Paulo F.C.
Estadio Campeón del Siglo
彭拿路
Peñarol
帕卡恩布球場
Estadio Municipal Pacaembu
足球博物館
Museu do Futebol
中央公園球場
Estadio Gran Parque Central
蒙特維的亞國民隊
Naciona
哥連泰斯球場
Arena Corinthians
哥連泰斯
Corinthians

目錄

推薦序

讓我們重塑國際觀

李峻嶸

香港理工大學香港專上學院講師，
足球史研究者，
《足球王國：戰後初期的香港足球》作者

我自小就熱愛巴西男子足球隊。因此，我人生中其中一個最沮喪的經歷，是目睹二〇一四年世界盃四強巴西隊如何在明尼路（Mineiro）崩潰慘敗。我還記得那場賽事未完，社交媒體已流傳著一張圖片，說巴西人因不滿比分而燒車。那張圖應該是真的，但其實跟當天的球賽沒有關係。那麼多人相信該圖是巴西人對球賽的反應，或者也反映著人們對「巴西人」的一些刻板印象：既然巴西人為足球而瘋狂，目睹國家隊被對手蹂躪出局，有這樣激烈的反應不是很合理嗎？沒錯，足球是巴西以至大部分拉丁美洲國家的第一運動。但對足球的著迷不代表當地球迷和民眾會那麼容易輸不起的。

互聯網令我們可以足不出戶了解世界各地的相關資訊；坐飛機遠行也早已被上

世紀變得廉價得多。但我們真的因此對世界其它地方的人多了認識和了解嗎？

執筆之前不久，不幸地俄羅斯普京（Vladimir Putin，台譯普丁）決定派軍隊入侵烏克蘭。這樣的世界大事，引起了香港輿論對國際形勢的關注。但到底一般對「國際社會」的想像，有沒有包括拉丁美洲呢？

有人或者會想，拉丁美洲不是掌握著世界秩序權力的地方，又為何要理解他們呢？但這本書正告訴我們，無論身在亞洲還是拉丁美洲，作為人類的我們也要面對和嘗試解決相似的問題。即使你未必對遠方人民的福祉有太大的關心，我們也可以受到拉美經驗的啟發。

李文雋透過足球運動，擴闊我們的視野，助我們有更廣泛的關懷。這肯定是一本有正面意義的著作。

推薦序

跟著資深旅人闖蕩拉美

Chicaca Culture
香港拉丁美洲文化推廣團體
IG：chicaca.culture

拉丁美洲的遊歷，連繫了 Chicaca Culture 和阿大。[1] 對我們來說，拉丁美洲魔幻、繽紛而富有生命力，擁有神秘的古文明、壯麗的自然地貌；另一方面，多元的社會結構，以及自殖民統治以來歷經的苦難，令拉丁美洲帶有獨特的堅韌與包容力，不同面向均令旅人嚮往不已。因此我們帶着各自的興趣，以舞蹈、電影、古文明等角度認識拉美，而阿大則選擇他畢生的熱忱——以足球探索拉美社會。

對阿大的印象來自他的專頁「背包千日」，他曾花千日遊歷六十多國，更在拉丁美洲逗留一整年。初次與阿大見面交談，便被他的好奇心與求知欲感染。憑着這份堅持，他在遊歷拉美途中尋訪各國足球場，更深入訪問當地足總、球會及球迷，成就書中深刻而廣闊的見聞。

本書兼備足球遊歷與社會文化知識，儘管我們並非足球迷，卻能跟隨阿大筆下精彩的遊歷投入足球世界。巴西是他背包遊拉美的第一站，並以這個「足球王國」作為本書的序章。在阿大生動與細緻的文筆下，不論是現場觀看巴西國家隊賽事，還是參與亞馬遜最大傳統節日 **Boi Bumbá**，都令人迅速投入現場，彷彿跟隨他闖蕩拉美。

從事社會工作的阿大擅長與人交談，旅行時亦把握機會與當地人深入對談。從一場足球賽事，便引申出當地人建立國族身分認同、足壇腐敗、種族平權等社會議題，令人讚嘆他以足球為切入點剖析社會的獨特視角。精彩內容太多，無法一一劇透，閱畢此書後只想跟隨阿大的足跡，再次踏足拉丁美洲！

過去一年多，我們在港推廣拉丁美洲文化，熟悉拉美的阿大是我們的堅實後盾，感激他身體力行支持我們，更擔任講者分享足球見聞。我們亦見證阿大出版著作，在漫長寫作過程中仔細閱讀大量文獻，整理複雜的社會脈絡，堅持求真的態度令人佩服不已。期望《腳下魔法》會成為另一位旅人的啟蒙，帶着獨特視角探索世界。

1　阿大：即為本書作者李文雋（Alexander Lee），阿大為 Alexander 的縮寫暱稱。

推薦序

一切由比利開始

楊秀卓
香港教育工作者

一切由比利（Pelé）開始。

童年課餘活動就是在公園籃球場邊或者街頭踢紅白塑膠「西瓜波」。因為貧窮，無錢買一個正式皮球，同學們夾錢買膠波代替。幾星期後，膠波被大家踢到裂開漏氣，再沒有彈力，有時甚至被踩凹，像一塊扁平的「鹹煎餅」，只會在地面「滑行」，但大家照樣繼續踢，其樂無窮。總之，踢波比讀書吃飯瞓覺更重要！家住上環卜公花園附近，許多叔伯食完晚飯定必去球場睇未成名前的胡國雄踢波，這是街坊日常生活的主要娛樂，遇上精彩比賽，震撼的歡呼聲響徹幾條街。有時，被母親捉著幫手穿膠花時，也曾有過這種經歷，心想一定是胡國雄又入波了。

一九六二年，我十歲，以超齡學生身分讀二年班。某日放學後，跟一位同學去涼茶舖睇麗的電視，意外地見到螢幕上一位足球員帶球連過四關，勁射入網；一次他則先由心口控球，讓球落在腳前，再射入龍門左上角，動作一氣呵成；有一次是邊跑邊接一個高空傳球，趁球未著地之際抽射死角入網。球藝神乎其技，我和同學嚇得目瞪口呆，他是誰？這是特備節目，那位球員就是比利，那年巴西奪得世界盃。巴西在哪兒？常識科沒有教，我猜應該在非洲吧，因為比利是黑人。我們立即去公立圖書館尋找這球王的資料，結果搵到一本足球書，裡面有比利的照片：巴西一個窮孩子，在街頭踢波，十七歲就踢世界盃！自此，比利成為我的英雄偶像，人生中一位學習榜樣。而每屆世界盃，我更是拉丁美洲巴西隊的當然擁躉。

拉丁美洲究竟是個什麼地方？從書本《拉丁美洲：被切開的血管》（**Las venas abiertas de América Latina**），我有了初步印象。從歷史中知道歐美等新舊殖民者如何掠奪這塊土地豐富資源，並剝削、殘殺、奴役當地人民，做成貧富兩極化的結構性問題，至今仍未解決。其後一連幾齣電影，更加深我對這塊土地的認識。二〇〇二年的電影《無主之城》（City of God，台譯無法無天），講述巴西貧民窟孩童的成長故事，由八歲到十四歲，沒有上學，終日跟黑社會大佬打架運毒，揸槍殺人是等閒事。離開戲院時，有股莫名壓力湧上心頭，胸口繃緊，呼吸困難，有點難以置信。自問我十餘歲時，仍是個膽小鬼，終日只識踢波，怎可能明白地球另一端竟是這樣的，太瘋狂了吧！二〇〇四年的《無知的聲音》（Innocent Voices，台譯純真11歲），這是關於薩爾瓦多八〇年代內戰的故事。薩爾瓦多的孩子凡滿十二歲，便被政府強逼入伍當兵；那邊廂，游擊隊亦同樣秘密地徵召孩童加入抗爭運動，雙方陣營都訓練十餘歲孩子開槍互殺。戲中十二歲主角的故事，就是編劇的童年經歷，他後來逃到美國，將自己的故事拍成電影。才踏入千禧，我剛做了數年中一班主任，長期生活在舒適區，我無法想像有日軍隊會走入學校拉我的學生去開槍殺人，太匪夷所思了！比利較為幸運，年少時拿著擦鞋箱在街頭賺錢幫補家計，其餘時間專注踢波。同年，另一套電影《哲古華拉少年日記》（The Motorcycle Diaries，台譯革命前夕的摩托車日記），講述阿根廷青年醫科學生哲．古華拉（Che Guevara，台譯切．格瓦納），畢業前與朋友駕電單車遊歷南美洲諸國，智利、秘魯、委內瑞拉等，沿途見盡民間疾苦，到處都是生活困頓的老百姓，一幅幅拉美人間悲劇，衝擊著兩位年輕人。螢幕上的影像，活靈活現了上文提過的文字書寫。

因為比利，我支持巴西國家隊，亦驅使我想認識多一點巴西這個國家。究竟這片土地如何孕育出比利、蘇古迪斯（Sócrates）、李維連奴（Roberto Rivellino）、渣仙奴（Jairzinho）等天才球星？曾經見過一件極具震撼力的藝術品：十九棵粗壯高大且被燒焦的乾果樹，依巴西的形狀排列，是為一座紀念碑。十九棵約十八米高光禿禿的黑色樹幹，矗立在平坦的泥地上，景象壯觀，震攝人心。背後原來有這樣一個故事：自葡萄牙入侵巴西以來，貴族和征服者將大片土地劃地自肥，一代代世襲壟斷。少數地主擁有全國大量耕地，無數農民則如封建農奴，每天辛勤勞動，卻沒有自己的耕地。由一九六〇年代末至一九八〇年代，偶然會發生無地農民佔領荒廢土地而被驅趕的衝突。豎立這紀念碑的目的，是為了記念一九九六年因爭取土地，被一百五十名便衣員警屠殺的十九位或更多死難者。表面上巴西球隊風靡世界球迷，誰不知國內社會制度嚴重失衡，人民飽受剝削，不公義的事件數不勝數，上文提到電影《無主之城》所反映的，絕對只是冰山一角。

一九六四年，獨裁軍政府上台，巴西自此陷入動盪混亂的廿一年。一九六九年，正值當打年紀，比利射入足球生涯中第一千球後，也計劃停下來休息。一九七〇世界盃，二十九歲的比利，想退出國家隊，不再參加世界盃。獨裁政權明白比利是國家的人民英雄，只有他才能凝聚國民，讓巴西人建立身分認同，幫助極權政府粉飾太平，掩飾腐敗，宣洩怨氣。頂不住壓力和巴西人的愛戴，比利終於參賽，結果以4：1打敗義大利成功贏取世界盃，全國歡騰，上街飲酒跳舞，瘋狂慶祝，暫忘眼前的苦日子。

電影《The Year My Parents Went On Vacation》（台譯矛矛的假期）就是描述一九七〇年巴西的社會面貌。鏡頭一邊拍攝軍人當街用警棍狂毆示威者，青年人一個個倒地，一個個被拉上軍／警車（畫面何其熟悉）。接著另一組鏡頭，則是普羅百姓在酒吧歡呼拍掌，當中也有革命份子（睇完波再上街示威）。小孩的爸爸騙孩子自己去度假，直到結局，爸爸都再沒有出現過。Netflix紀錄片《Pelé》（球王比利：巴西足球傳奇）中見到比利在歡迎儀式上跟獨裁者擁抱，並高舉雷米金杯。這年世界冠軍的巴西，正被貧腐獨裁政權統治。風光背後，是血淚寫成的歷史。比利在紀錄片剖白當時的感受，踢波與政治，他選擇了前者。

廿一世紀貧窮的巴西，出了一位影響世界深遠的教育家Paulo Freire。他認為「教育就是政治」（Education is politics），教育本質就具有政治性。一九六四年軍政府當權，Paulo因其激進思想被判監禁。入獄前，他逃離巴西，開始長達十六年的流亡生活，其間到過非洲和亞洲多國推動掃盲運動，革命性地為受壓迫的人充權，並相信教育可以解放他們。Paulo Freire的教育理論，我也深受啟發。

足球與教育可有關係？本書巴拿馬一章，特別提到巴拿馬「足球之父」Gary Stempel，他開辦足球學校培訓貧苦兒童，透過足球教曉他們做人道理。不少幫派少年，最終成為國腳。期間，Gary跟學生共甘苦，故事感人。誰說教育只有「中、英、數」？

我是從電影、歷史、紀錄片、藝術品（街頭壁畫）瞭解拉丁美洲，如果簡單用一個詞去形容這塊土地，就是：苦難。本書作者將足球與國家的歷史扣連起來，進一步深入瞭解人民與足球的密切關係。烏拉圭、巴西都經歷過黑暗的極權統治，人權不彰，言論自由被打壓、異見人士被捕…… 政府如何利用足球「娛樂」民眾，轉移他們的視線。在哥倫比亞，以買賣毒品致富的富豪，藉足球洗白黑錢，大搞社會福利，比貪污政府更愛錫人民。哥斯達黎加由中國資助建足球場，當中又有何利益瓜葛？作者藉寫諸國足球事，似乎也在暗寫我城。反思什麼是身分認同？寫移民他鄉的掙扎，再伸延到每個香港人面對的自身命運抉擇，走還是不走？從足球認識世界，這是一本非常值得推介的好書，除幫助我們擴闊世界視野之餘，還激發思考本土問題。將大家置身於宏觀的世界情景（context），或者能鼓起我們多一點生存勇氣。

《Pelé》結尾時，鏡頭鎖定在比利雙手和他大腿上老舊發亮的木擦鞋箱，比利以明快節奏敲打著工具箱，帶我們進入他孩提時的光景和初心。香港人，我們的初心在那？讀完這本書，我得到一份安慰。

asil

CHAPTER 1

足球王國：巴西

一、足球王國是怎樣煉成的？

足球，是我年少時認識世界的大門。我對許多國家的第一印象，都與足球有關。沒有家族遺傳足球基因的我，比同齡的朋友遲接觸足球。一九九八年法國世界盃，是我首屆世界盃，當時的主角是人稱「足球王國」的巴西。

巴西作為衛冕球隊兼四屆冠軍，被列為大熱門。體育品牌 Nike 以排山倒海的廣告，成功為球隊打造技術高超、實力與歡樂足球兼備的形象，成為我對黃衣軍團多年的印象。然而，球隊決賽離奇失準，加上皇牌朗拿度（Ronaldo）被迫帶傷上陣等傳聞，疑雲密布下，令我對巴西的複雜和黑暗面產生好奇。

不過，直到我踏足其國土之前，我對巴西的認識一知半解，只是片面得「足球王國」，最多只加上森巴、嘉年華、貧民窟和亞瑪遜森林等零碎概念。

「巴西，是一個怎樣的國家？」

「她為甚麼和憑甚麼被稱為『足球王國』？」

我懷著滿腹好奇，來到這個南美洲大國。

從幻想到真實接觸

因為二〇一四年世界盃，我以巴西為起點和終點，開展一趟整年的長旅行。於網上預購世界盃門票時，我才驚覺巴西之大。在12個主辦城市中，除了首都巴西利亞（Brasília），我只認識聖保羅（São Paulo）和里約熱內盧（Rio de Janeiro），其他城市如福塔雷薩、貝洛奧里藏特和納塔爾等，則近乎聞所未聞。

不過，原來我並非唯一的無知分子。報導指不少持票人士，因把東部城市薩爾瓦多（Salvador da Bahia）與中美洲國家薩爾瓦多（El Salvador）混淆，而錯誤前往後者，白白錯過難得的世界盃賽事，真是欲哭無淚。

以巴西的幅員遼闊，而且主辦城市分散，參與世界盃的過程，無論對球隊或球迷，都比想像中更為吃力。

於解開「足球王國」之謎前，必須先了解「巴西是一個怎樣的國家」？作為世界領土第五大的國家，可以想像巴西境內的豐富多元，從國際都會、海邊城市到內陸地區，都各有特色。因為世界盃的關係，我在巴西的首站，是亞瑪遜州（Amazonas）。她出乎意料地，成為我的第一把鑰匙，從歷史、人口和環境等各方面，為我打開認識巴西的大門。

殖民歷史的悲劇重演

我對亞瑪遜森林的認識，始於中學的地理課。多年來，我也期盼可以親身探索，將書本所學化為真實見證。亞瑪遜森林橫跨南美八個國家之多，屬全球面積最大，被視為「地球之肺」，堪稱熱帶雨林的代表。我與不少人對熱帶雨林的想像相若，幻想中，離不開原住民吹毒箭打獵、食人魚和擎天巨樹等。我沒有想過在亞瑪遜森林中央，竟有一個人口達二百萬的城市——瑪瑙斯（Manaus）。

十七世紀時，葡萄牙殖民者便在此兩河交匯處建立戰略據點。當年興建堡壘的混血人種選擇留下定居，加上後來傳教士相繼來到，並建立教會，瑪瑙斯就此漸漸發展起來。十九世紀中期，在工業革命的背景下，歐洲人發現亞瑪遜所獨有的橡膠，非常適合作為機器部件和工業用途的重要原料。隨即掀起的「橡膠熱」，令瑪瑙斯急速發展。歐洲人紛紛湧入，在亞瑪遜森林建立橡膠園，甚至活捉原住民為奴隸，其中近九成被奴役至死。此外，來自巴西東北部的貧民為了生計，亦投向亞瑪遜的橡膠工業，病死路上的人卻數以十萬計。

一八八九年，帝制結束，巴西走向共和，奴隸制終告廢除。瑪瑙斯亦在橡膠貿易帶動下，財源滾滾，攀上巔峰，與巴西共同掀開新一頁。瑪瑙斯與當時的首都里約熱內盧同步進行現代化，成為巴西最先擁有電力照明的城市之一。在新的城市規劃下，市內建成的林蔭大道、廣場和水池等，不僅有美化的作用，也可促進空氣流通，降低氣溫。除了電力、自來水系統和有軌電車等基本建設外，許多歐洲風格的建築，如市集、豪宅和文化場地等相繼落成，其中不乏奢華氣派者，令這個一夜致富的城市，被喻為「森林中的巴黎」。

然而，當橡膠樹不再為亞瑪遜獨有，就是「森林中的巴黎」日落之時。英國人從亞瑪遜偷運橡膠種子出境，並成功在馬來西亞、斯里蘭卡等東南亞地區建立橡膠園。巴西橡膠的壟斷不再，被成本較低的後起之秀輕易取代。城市於數年內急速衰退，富人帶著資金離開、豪宅私邸人去樓空，代表紙醉金迷的亞瑪遜大劇院（Teatro Amazonas）於一九二四年關門落閘。曾經富甲一方的瑪瑙斯被掏空，只遺下無處可依的勞動者苦苦掙扎。直到二十世紀六〇年代，瑪瑙斯成為自由貿易區，才否極泰來，並一直蓬勃發展至今。

亞瑪遜橡膠的故事，只是巴西歷史上不斷重演的悲劇的其中一幕。薩爾瓦多的可可、東北部的甘蔗、馬拉尼昂州（Maranhão）的棉花和東南部的咖啡，無一不是相似的套路。無論是殖民者或資本家，都是旋風式地掠奪資源，配合奴隸制或資本主義「新舊交替」地剝削榨取，並於搜刮殆盡後離開。

單一種植的大莊園制度，不僅造成不可逆轉的生態破壞，也摧毀本地人可持續發展的可能。貧者越貧，富者越富，社會階級無可攀越。而由莊園主、牧場主和大地主等組成的特權階級，也造成巴西國內，長年由難以撼動的地區精英各據一方的形勢。

階級種族的多元

環顧整個拉丁美洲，巴西無論在文化和社會結構上，也是獨一無二的。雖然殖民者的殘忍和迫害，都是不相上下，但是在葡萄牙人相對溫和的殖民政策和種族通婚態度下，巴西原住民的文化和血統，得以透過種族混血而世代流傳。於殖民時期的數個世紀，逾千萬非洲人被販賣到巴西作奴隸。十九世紀末，奴隸制廢除後，大量黑人因為生計而隨經濟作物在國內遷徙，加上同時期吸納意大利、德國和葡萄牙等地的歐洲移民和日本移民，既為巴西的城市化和現代化提供動力，也促進各種族和文化的融合過程，形成巴西獨有的文化和種族特色。

我在瑪瑙斯的三段「沙發衝浪」（Couchsurfing）經驗，正好為巴西的人口構成寫下註腳。

首位「沙發主」Marcelo 來自里約熱內盧，是一位社會心理學家，年紀輕輕便已完成博士學位，現正在大學教學，也負責研究工作，主要探討偏遠地區民眾的生活。他家中放滿原住民的傳統物品，如長矛、樂器和小擺設等，牆壁貼上熱帶雨林的植物照片，住所簡潔而舒適，十分討好。

Marcelo 既是一位文質彬彬的學者，同時也對公民參與滿腔熱誠。他為我簡介亞瑪遜的同時，也不忘告訴我不為人知的黑暗面。無論是環境保護、弱勢權益或是社會資本，都是他所熱切關心的課題。

Marcelo 細訴人與地方的感情和聯繫，卻見太多以「發展」為名的破壞和迫遷不斷重覆。他便身體力行，申請資助，連同其他專業團隊，支援原住民權益、推動環境保護，協助原住民保留傳統，同時配合城市生活，希望能為弱勢保守家園。

我的第二位「沙發主」，是英文程度有限的青年 Eder。Eder 跟他的家人同住，但沒想到是如此的大家庭，男女老幼，絕不下十人，還未計屋內其他的沙發客，熱鬧非常。

雖然我與 Eder 家人有言語障礙，但我很喜歡觀察他們的生活細節。難得的是，他們一家人也很習慣沙發客的存在，我不僅跟孩子很快便打成一片，也跟 Eder 的姐姐們一起下廚煮食。

有時候，我會教他們簡單的中文字，或以網上圖片簡介香港。有時候，只是靜靜地觀察他們的互動，如飯前的虔誠禱告、老爸在平房外與鄰居喝啤酒聊天、半放任式讓孩子自行耍樂，甚至是他們照料剛完成隆胸手術的姐姐等。令我最為印象深刻的，是夜裡跟他們一家，一起坐在沙發前看電視的自在和融洽。相比之下，這一家人無論是略深的膚色、熱情友善的態度、常掛臉上的笑容、幾乎整天播放的歡樂音樂，都跟大部分人心目中的巴西更為接近。

幾天之後，我再轉投新的「沙發主」Cesar。他親自駕車來迎接我，並與我一起前往他朋友家的聚會。Cesar 是來自巴西南部城市庫里蒂巴（Curitiba）的一位醫生，在席的幾位朋友，分別都是來自巴西不同地方的醫生。我跟 Cesar 一邊吃著亞瑪遜的特產的烤魚、一邊在十一樓高的住所露台，細看城市和球場的夜色，談論各自的人生觀，慢慢開展我們的友誼。

三段沙發經歷，由大學教授的公寓，到平民社區的家庭氣氛，再到醫生圈子的大廈，對我的社交和適應能力的要求也甚高。而里約熱內盧的大學學者、熱帶雨林中的原住民、土生土長的混血家庭、南部的歐洲後裔醫生等等，全都是巴西的故事。

亞瑪遜森林的懷抱

因為時間充裕，讓我有機會深入了解亞瑪遜森林的環境和生活。我們跟 Marcelo

的朋友 Joseph 結伴，乘坐快艇探索。Joseph 來自東部城市納塔爾，來瑪瑙斯修讀生態學，正好作為最佳的導賞員。

我們來到著名的「兩河交匯處」，深黑色的黑河（Rio Negro，又譯內格羅河）和泥黃色的索里芒斯河（Rio Solimoes，又譯索利蒙伊斯河）明顯地分隔出長長的界線，互不融合，可謂為自然奇景。Joseph 翻譯船家的講解，說明兩條河的源頭和沉積物的分野，並在匯合後始稱為亞瑪遜河。我們伸手感受兩河的水溫，會感到兩者明顯的不同，尤其在水中越過界線時驟變的溫度，更是格外神奇。

船家指出幾條輕輕露出水面的的海豚，令我雀躍不已！我從來沒有想過亞瑪遜河中竟有海豚！牠們的名字是亞瑪遜淡水豚（Amazon river dolphin），粉紅色的外表甚為醒目，一般相信其祖先從海洋「移居」到亞瑪遜河裡生活，以河中豐富魚類為主食。

亞瑪遜河氾濫時，升幅可達十五米之高，淡水豚的生活範圍也因而隨水位升降而變化甚大。我們乘快艇駛進支流，由於正值雨季，河水水位甚深，達到部分樹冠的高度，甚至能在水底看到樹頂。水面飄浮著好些植被，隨船身後揚起的波浪，溫柔地起伏。我們甚至能夠駕船駛進森林，在本來位於高處的密林樹梢間尋幽探秘。Joseph 一時為我們指出樹上的蟻窩，一時講解板根的作用，又介紹亞瑪遜王蓮等獨特的植物，如何在生態系統發揮角色。

在亞瑪遜的生態系統中，還有森林中的居民。沿途所見，河邊有大大小小的浮屋，既有簡單的民居，也有食肆和學校。浮屋底部繫著巨型木材，以作平衡穩定之用。浮屋之間不算密集，居民日常以輕舟小艇作交通，連成一個小社區。

我不禁好奇這些浮屋如何處理日常廢物，也想起 Marcelo 提出的環保議題。他指出回收業如何無法健康營運，而政府的所謂支持，只是為維持就業數字的敷衍了事。諷刺的是，從以往的橡膠熱時期，到現時仍大肆伐林、直接將污水廢物排進河中等，無不反映這「地球之肺」中的城市，從來都欠缺環保意識。

我們的船程中，偶爾有森林居民划著輕舟靠近，大多數是一位成人和一兩個孩子。孩子的手上拿著樹獺或小鱷魚，向我們展示，希望藉著供旅客合照以賺取金錢。不止如此，居民甚至在附近水域圈養淡水豚，供旅客親身接觸。原住民數千年傳統智慧中，人類對森林的尊重和與萬物的關係，似乎未能好好地傳承。

森林內的生活艱苦，城市中的環境也參差。由於城市過度擴張，使環境和民生問題日益嚴重，低下階層只能住在城市外圍的貧民窟。在旅客眼前的光鮮亮麗背後，是城市另一邊的貧民水電欠奉，全市只有三成人有清潔的自來水。在偏遠地區，原住民動輒要花五至六小時才能就醫。孩子不僅每天花三、四小時上學，甚至在上學八、九年後，都只懂寫自己的姓名。可是，政府自稱已向所有人提供所需的社會服務和資源，明顯地漠視這群原住民的權益。

在這風和日麗的上午，小艇緩緩駛過，叢林中的幾隻鳥兒聞聲飛去。從浮屋外晾曬的衣物間，看到一位母親照顧坐在桌上的幼兒，悠然共處的同時，不知家中的其他成員，正怎樣地為口奔馳。

我想起五〇年代湧現的浮屋群，河上的貧民窟漸漸演變成一座「浮城」，正正是當年低下階層被邊緣化下的產物。今天，「浮城」已被取締消失，但生態破壞或民生困苦的情況未見改善。亞瑪遜的生態環境獨一無二，但她所訴說的貧苦與不公義的故事，卻在巴西全國的城市或鄉郊，不斷重演。

帕林廷斯民俗節：文化融合

「巴西是怎樣的國家？」單憑數天的經歷，當然不足以回答。從文化活動或傳統節日中探索，或許是最佳的方法之一。雖然我錯過極具名氣的森巴嘉年華，卻適逢 Cesar 與友人 Renan 邀請我前往下游的小城帕林廷斯（Parintins），參與亞瑪遜州最大型的節慶，我二話不說便答應了。

帕林廷斯位於亞瑪遜河中下游，是一座人口只有十萬人的小城。本來只是原住民部落居住的地方，隨著歐洲殖民者和傳教士相繼到來，加上後來東北部的非洲黑奴從奴隸主手中逃難到此，慢慢地發展至今。

我們有幸參與的，是名為「Boi Bumbá」的傳統民俗。「Boi」就是牛，「Bumbá」剛果語有「敲擊」的意思，以常用樂器 Zabumba 鼓作借代。Boi Bumbá 可解作「擊牛」，也有譯作嬉牛舞。

Boi Bumbá 最初是源自馬拉尼昂州的街頭表演，主角在牛型布偶框下跳出各種舞蹈，配合音樂和戲劇元素，演出廣傳的民間故事和傳說。在我看來，Boi Bumbá 在形態上，頗有「舞獅」的味道，尤其是於過往 Boi Bumbá 的團體之間，屢屢發生街頭衝突的年代。

學者認為 Boi Bumbá 的成型可追溯至十八世紀末，其時葡萄牙和西班牙的鬥牛場合已有假扮公牛的餘興環節，尊崇牛隻的巴西人將之吸納，成為 Boi Bumbá 的基礎。[1]

除了「舞牛」的動作之外，Boi Bumbá 的另一個根本，是源自東北部的一個民間故事。故事講述身為黑人奴隸的 Franciso，為了一圓懷孕妻子 Catirina 吃牛舌的心願，殺死莊園主心愛的牛，並因而被後者追究。莊園主命令 Franciso 將牛復活，牧師和醫生都無力協助，最後由薩滿 Pajé 神奇地將牛復活，大團圓結局。[2]

然而，Boi Bumbá 絕非只是重覆表演這單一故事，它只是在 Boi Bumbá 的旗幟之下的一個劇目，但因其代表性，通常為整個演出的壓軸。於二十世紀初，這個名為 Boi Bumbá 的表演方式，已吸納一系列改編自民間傳說、民謠或詩歌的劇目組合，例如 Zé do Vale、Maracujã、Pinicapau 和 Cavalo-Marinh 等，當中並無必要關聯。以中華文化作比喻，可以想像為一晚內以歌舞劇形式，連續演出「女媧煉石補青天」、「后羿射日」、「屈原投江」和「桃園三結義」。

1 早於十六世紀，巴西尚處於殖民封建的時代，不少在牧場和農地工作的低下階層和奴隸依靠畜牧提供衣食和生計，遂對牛隻帶有敬意和感恩之情，牛隻也漸漸成為力量的象徵。

2 薩滿：早見於世界各地的原始信仰中，被視為可與神明或靈性自然作聯繫的人，多以巫師、醫生、占卜師或祭師等身分出現。

除了將民間故事兼容並包之外，Boi Bumbá 也展示了與天主教的連結。在部分演出劇目中，Franciso 受 Catirina 的慫恿殺牛吃舌，被演繹為夏娃鼓動亞當初嚐禁果。Boi Bumbá 一度有濃厚的宗教色彩，在一些版本的演出中，有東方三王來到伯利恆祝賀耶穌出生，也有一眾角色、原住民和牛接受浸禮等場景。因此，舉辦 Boi Bumbá 的日子一般都跟六月聖約翰節或十二月耶誕節相連。

Boi Bumbá 面向普羅大眾，為活於困苦的人帶來歡樂，劇目往往反映當時社會實況，無分種族地引發低下階層的共鳴。劇目的題材和內容，既強調賞善罰惡，也寄語盼望。劇目描繪中，在奴隸制度和教會強迫信教等背景下，黑人牧牛人面對不公義的制度和強權壓迫，仍以過人的睿智和計謀對抗，堅守信念，勇氣智慧兼備。牛的死亡與重生，也象徵根本性的痛苦和壓迫終會完結，先死而後生。因而，Boi Bumbá 多年來作為弱勢的低下階層，反抗制度不公和批判社會的渠道。

Boi Bumbá 作為東北部的風俗，隨著人口遷移，流傳到全國各地，成為巴西文化中重要的部分，並發展出各自的演繹和特色。一八七〇至一九二〇年左右的橡膠熱時期，引發東北部的低下階層和奴隸大規模往亞瑪遜遷移，尤其一八七七年馬拉尼昂州發生大乾旱，更是加劇該地區的人口流動。他們將東北部的習俗，包括舞蹈 Caninha Verde 以及 Boi Bumbá 等帶進亞瑪遜州，並與當地文化兼容同化。

Boi Bumbá 傳入亞瑪遜州後，在帕林廷斯發揚光大，成為備受矚目的盛事。參與帕林廷斯 Boi Bumbá 的兩個團體，分別是 Bois Garantido 和 Bois Caprichoso，前者的代表是額頭有紅心圖案的白牛，而後者則是額頭有藍星圖案的黑牛。兩個團體皆成立於一九三一年，對壘已近百年。自一九六六年起，兩者之間由街頭比拚，改為一年一度在官方場地會師，現今更演變成規模僅次於嘉年華的大型歌舞表演競技，甚至在全國電視直播。

●親歷帕林廷斯民俗節

從瑪瑙斯沿河乘船到帕林廷斯，船程大約是一整天，我們在搖晃的吊床、流動的河景和繁華的星空中渡過。我們抵埗不久，已感到節日氣氛，為 Boi Bumbá 而來的人絡繹不絕，大家都在期待這場盛事。

攤販在售賣紀念品，路人舉杯歡呼，不少人隨音樂起舞，整個城鎮都為之躍動興奮！許多人都壁壘分明地穿上兩隊衣飾，充氣拱門、外牆、銀行門外甚至啤酒包裝，無一不是兩頭公牛的肖像，氣氛媲美足球打比[3]大戰。

即使我們沒有門票，還是一頭熱地來到，堪比在二〇〇六年我為世界盃到訪柏林的往事。最初因為「黃牛黨」索價三百里拉（約一百二十港幣、五百台幣），我們只好打退堂鼓，誰知晚上卻峰迴路轉，發現「支持者門票」的制度。原來作為高度參與的支持者，只需排隊便可免費進場。我們失而復得，高興得難以置信。

自一九八八年啟用起，帕林廷斯的 Boi Bumbá 就在專屬場地「Bumbódromo」舉行。場館可以說只是為每年的這三天而建，而本市各行業也靠這三天賺取接近一半的全年收入。

為方便巨型布景和花車進入，Bumbódromo 呈U形，屬於「三面台」表演場地，從上空鳥瞰酷似牛頭形狀。場館建有多層的觀眾席，可容納三萬五千人入場。場地正中央是表演空間，「三面台」分別是左紅右藍兩邊陣型的「支持者看台」以及正面的「觀眾看台」。

我們只排隊等候了二十分鐘，便成功取得門票。我急不及待地走進場館，當我走畢黑暗的階梯間、被射燈照射、步進看台，豁然開朗的一刻，不由得聯想起在足球場內的情景，那是我經常最期待與感動的時刻。

「藍隊」Bois Caprichoso 的演出即將開始，場館變得沸騰高漲。上百名演奏者開始打鼓或吹奏，原住民傳統樂器如沙鎚、三角鈴和棘輪都已準備就緒，支持者們也早已站起來歡呼舞動了。大群表演者魚貫進場，有如水中魚群，整齊活躍而艷麗。

3　打比：Derby，又譯打吡或德比，指屬同一城市或地區的兩支球隊對賽，或死敵間的較量。

在音樂襯托下，戴著墨鏡的中年男子粉墨登場，以雄厚的聲線高唱 Toada[4]，為表演掀開序幕。其後，各個百年經典的角色相繼亮相，如身穿藍白色傘狀長裙的莊園主女兒 Sinhazinha da Fazenda，還有滿身動物裝飾、象徵原住民女性魅力的 Cunhã-Poranga。當然，還有「主角」黑色公牛，精力充沛的牠，鼻孔甚至能夠噴煙，威武非常。

雖然我不明白歌詞的意思，但表演藝術足以跨越語言。最特別的經典場面，是現場再現傳統的薩滿儀式。嘴有獠牙、戴有鷹頭的薩滿 Pajé，於轉趨神秘感的音樂下，透過舞動和撥弄羽扇，以白色煙霧進行淨化空間的儀式。在整晚的眾多劇目中，無論是森林以神秘力量驅逐外來軍隊、醫生和神父嘗試拯救被殺的公牛，還是居民在神職人員的帶領下進行聖像巡遊等，都確切地反映巴西的獨特歷史和文化融合的軌跡。

除了個別角色的魅力外，群舞群戲的演繹也是靈魂所在。群戲表演者有地精、仙女、精靈和土著等個別造型，也有以芭蕾舞的群舞化蝶，或是以高度默契的舞蹈，加上空翻和跳躍等高難度動作，展現大自然的力量，演繹出流水、雷暴等意境。

演出中最矚目的，始終是超大型的主題布景木偶。主題布景隨歌舞戲劇轉換，都是亞瑪遜的象徵，動物如蜂鳥、山貓、鱷魚、鸚鵡，植物如攀藤、食人花等，還有神話人物和原住民。布景木偶不僅外表精細，甚至有手動裝置機關，可以進行各種的動作。當我看到表演者從中走出來，或是布景木偶的神話巨人伸出嘴巴，讓演員出走或升降，難以想像它們都是全人手製作的。真是嘆為觀止、嘖嘖稱奇！

表演中的所有元素，包括「度身訂做」的音樂和燈光，以至看台上的支持者，都跟中央舞台的表演同為一體，我們既是氣氛，也是效果。自表演開始後，支持者就沒有一刻停下來。所有人都隨音樂和指揮台舞動，明顯訓練有素。每個人都有紙板、小燈光、充氣棒棒等，甚至偶爾出動如同足球場看台般的超巨大橫幅。在指揮

4 Toada：一種來自亞馬遜中部的傳統音樂風格。

台的帶領下，支持者如玩估領袖般隨音樂和燈光轉換動作，跳前跳後，彎腰前後傾、搭膊形成長龍、扭動蛇腰、蹲下、站起等，連同揮舞和使用道具，變化出無限可能的動作。直到演出結束，支持者筋疲力盡，亢奮和熱情仍然持續。

Boi Bumbá 經歷逾百年發展，無論在音樂、舞蹈和信仰上，都已將原住民、非洲和歐洲的元素融合為獨有的特質，加上節日中展現對 Caboclo 身分的推崇[5]、森林生活的歌頌和大自然的敬意，人口高度城市化的亞瑪遜人，得以從中追索尋源，重構他們與土地的聯繫以及歷史的連結。他們藉每年一度的投入和演出，向族群和外界作出自我敘述和詮釋。Boi Bumbá，既作為文化融合的標誌，也成為建構身分認同的載體。親身感受 Boi Bumbá 後，我在其中看到亞瑪遜，也看到巴西。

國家隊突顯多樣性

亞瑪遜州的旅程，讓我深深地感受巴西文化與歷史的扣連。我急不及待了解巴西的全貌，卻因行程安排，暫別巴西數個月之久，猶幸再遇之時，足球帶給我更全面的答案。

遊歷這片既被神所眷顧，也受魔鬼詛咒的土地後，我對各國的認識，總算不再如昔日般膚淺片面。重回巴西，我在聖保羅市的安聯公園球場（Allianz Parque），首次現場觀看巴西國家隊賽事。相比體育競技層面，我更關注其社會性，並思考國家隊對巴西的意義。

開賽前，身穿黃色戰衣的球員列隊，跟現場的球迷一起高唱國歌。不論膚色的差異，由黝黑肌膚的費特（Fred）、混血外表的古天奴（Philippe Coutinho）和大衛雷斯（David Luiz），到白人臉孔的菲臘比路爾斯（Filipe Luís）等，都在同一旗幟

5 Caboclo：巴西原住民與歐洲白人混血人種的稱呼。政府將六月二十四日定為「Caboclo 日」，以表揚其在歷史上的地位和貢獻，為亞瑪遜州法定公眾假期。

之下，並肩作戰。

除了膚色之外，國家隊成員的組合，也多少反映巴西社會的多樣性。陣中不少球員都出生在聖保羅州或里約周邊，但既有來自東部城市 Maceió（馬塞約）的費明奴（Roberto Firmino），也有來自南部地區的領隊鄧加（Dunga）和菲臘比路爾斯，當地血統主要為歐洲白人後裔。地區的分野因素，不僅是種族，也包括生活環境、經濟生態和社會階級等。

因為只屬國際友誼賽的關係，這場巴西對墨西哥的賽事，雙方都以練兵為主。然而，世界盃過後，巴西元氣大傷，急需重整旗鼓，也自然不敢怠慢。古天奴為球隊先拔頭籌，不足十分鐘後，前鋒泰迪利（Diego Tardelli）再下一城。身為國家隊稀客的後者，於入球後雙手食指指天，將入球獻給上帝。（這也是他於僅有國家隊生涯中，三個入球的最後一球。）

眼前的情景，引發我的聯想。在歐洲和拉美的球場上，球員做出雙手指天或胸前劃十字架等宗教動作，可說是見慣不怪。信仰在巴西的地位和影響力，比許多人所知的更為重要。作為南美最大、人口最多的天主教國家，巴西在宗教上正經歷的社會變化，並且也反映在球隊之中。

近數十年，天主教（Catholic）在巴西的影響力下降，與此同時，福音派（Evangelic）基督教火速興起，傳播事業勢如破竹。根據人口普查，天主教徒的人口比例，由一九七〇年逾九成下降至二〇一〇年的不足六成半，反之巴西福音派信徒，則由同期人口比例中的5％躍升至22％，有調查顯示於二〇二〇年更已佔總人口的三成，其政治和社會影響力與日俱增。

以國家隊為例，九四年世界盃成員中的六名福音派信徒，曾被指因信仰習慣而組成小圈子。早年也曾經傳出虔誠福音派球員如卡卡（Kaká）和盧斯奧（Lucio）等，跟其他天主教球員在信仰上有衝突。隨著福音派已脫離小眾行列，宗教差異和共存的社會議題，也經歷消化與融合的過程。直到二〇一四年的世界盃團隊中，福音派如尼馬（Neymar Jr.）、泰亞高施華（Thiago Silva）、韋利安（Willian）和天主教的職球員如丹尼爾艾維斯（Daniel Alves）、施薩（Júlio César）和領隊史高拉利（Luiz Scolari，台譯斯科拉里）等，甚至會一起祈禱。

無論從種族、社會、宗教和地理等各方面來看，巴西一直都是個極其多元化的國家。多樣化的特質不僅突顯社會矛盾，也難以單一概念囊括，凝聚「巴西人」的身分認同。當中必然經歷求同存異的過程，甚至從中創造新的概念，建構彼此的共同性。球賽結束後，一群球迷肩並肩地為球隊歡呼。巴西人如何走到今天，得以在相同的旗幟下高歌、吶喊和起舞，追源溯始，要從巴西的歷史說起。

「巴西特質」與身分認同的建構

十九世紀，獨立運動波瀾壯闊，委內瑞拉傳奇領袖西蒙．玻利瓦爾（Simón Bolívar，台譯西門．玻利瓦）夢想建立以整個拉丁美洲為一體的統一大國。他於擊退西班牙殖民者後，一手建立的「大哥倫比亞共和國」（Gran Colombia），卻因內部矛盾和派系鬥爭，而早早夭折。[6]玻利瓦爾主義（**Bolivarianismo**）下的合併夢，也隨西語系美洲國家各自發展，而夢醒和遠去。

反觀，巴西卻悄然地由葡萄牙皇室領導下獨立，成為君主立憲制的巴西帝國。即使後來推翻帝制，成立巴西共和國的過程中，都沒有發生大規模的流血抗爭和戰事。平穩過渡的巴西，國內原有的勢力版圖，並無翻天覆地的改變。她雖然沒有步上「大哥倫比亞」分裂的舊路，反之，亦從未經歷重大的民族性塑造過程。巴西作為一個國家的概念，於建國初期是非常脆弱的。

當時的巴西，幅員遼闊、交通不便，南部由歐洲裔的牧場主掌控，東南部則屬咖啡園主的勢力，大西洋沿岸東北部仍然為幾百年來坐擁甘蔗園、牧場和莊園的大家

6 「大哥倫比亞共和國」：成立於一八一九年，其領土包括現今委內瑞拉、哥倫比亞、厄瓜多爾、巴拿馬和秘魯等多國，於一八三一年解體。

族所把持，至於中西部和北部，除了橡膠熱時期的幾個城市外，大都是開發度有限的地區。在地區勢力牢固和地方主義強烈下，巴西聯邦政府只能勉強維持國家形態。

綜合各地原住民、歐洲移民、非洲黑奴和混血兒等複雜的人口結構，加上城市化和人口遷移等社會狀況，令巴西社會中的文化背景和教育程度差異巨大。如何營造共同性與「巴西特質」，凝聚和建構身分認同，令統治階層費煞思量。

曾經有知識分子希望向歐洲取經，但無論是葡萄牙文化或法國文化，都愛莫能助。一度被追捧的「白人優越主義」，更是挑起種族矛盾，無其容身之所。直到一天，巴西終於與足球邂逅，就成為故事的轉捩點。

足球的歷史使命

我來到位於聖保羅的足球博物館，急不及待地細聽這個故事。[7] 兩層的博物館內容豐富，既有以世界盃年為重心的「歷史之柱」，記載當時的足球記憶和世界大事，也有整個展廳掛滿裱起的黑白相片，還有由古到今的皮球和球靴，甚至有展板介紹世界足球戰術的演變的歷史。

我看著巴西足球史上各代的功勳戰將，以投射技術活現眼前，彷似穿越時空，將時間倒數至序章。雖然博物館中有展板介紹蹴鞠，但毫無疑問，當今的現代足球是源自英國，巴西足球也不例外。

在一塊巨大展板上，畫了一位蓄典型八字鬚的球員，旁邊大字標題地寫著「Charles Miller」，正是被視為「巴西足球之父」的人物。一八九四年，時值巴西共和國五歲之齡，來自咖啡富商家族的英藉巴西人 Charles Miller，在英國留學歸

7 足球博物館位於帕卡恩布球場（Estadio Municipal Pacaembu／Estádio Municipal Paulo Machado de Carvalho）。

來。他不僅帶同兩個皮球和足球規則手冊，也將當地的踢球經驗在聖保羅廣傳。一八九七年，類似的開拓者相繼將歐洲的足球帶進巴西，德國移民 Hans Nobling 將德國的經驗帶來聖保羅，而身兼瑞士籍的英裔巴西富翁 Oscar Cox，則將其瑞士的經驗帶進里約。自此，足球在巴西迅速傳播，球會如雨後春筍般紛紛成立。

巴西共和國與巴西足球的關係，是識於微時，而且共同成長。慶幸的是，她們曾經於芳華正茂的青春時光中，遇上彼此。

巴西足球於最初的發展中，仍然飽受社會階級和種族歧視的阻礙。正規的足球比賽，被視為上流社會的運動，與貧民和黑人之間壁壘分明，似乎無助於國族認同的建立。然而，比起諸如文學、戲劇和藝術等文化媒介，對個人教育程度、修養或知識所需的要求之高，足球明顯門檻較低，提供跨越種族和社會階級的可能。

在足球生態以至社會慢慢演變的同時，文化界亦正醞釀對巴西文化的重新定義。一九二二年聖保羅舉辦的「現代藝術周」，突顯文化界正經歷現代主義的衝擊，進行「去歐洲中心主義」，實現巴西本土化的過程。文化界積極地將作品題材本土化，從「貼地」描繪社會狀況和生活細節的作品中，自然也包括了足球的題材。根據《Futebol Nation: A Footballing History of Brazil》，巴西文化於此時被定義為：「吸收與消化的產物，是咀嚼歐洲、非洲以及當地土著文化的血肉後而自我改造而成的結果。」

一九三〇年，是巴西足球踏足世界舞台的里程碑。從相片和資料所見，他們派出全白人陣容出戰世界盃，成績平平。這一年也是影響巴西深遠的時刻，南大河州（Rio Grande do Sul，又譯南里約格朗德州）州長瓦加斯（Getúlio Vargas，台譯瓦爾加斯）於政變中得勢，開展他橫跨舊共和國、專政時代和新共和國時期，前後近二十年的掌政。由於他的專權和打壓自由，歷史對他的評價不一，但在擅於操縱民粹主義的他掌政之下，巴西的國族認同感大幅提升，是無容置疑的。

由三〇到五〇年代，巴西共和國和巴西足球緊密結合，在傳統和大眾文化的共同撫養下，共同結晶「巴西特質」得以誕生並長大。

瓦加斯透過一系列的高壓措施和攬權行動，解決地方分權主義，對各州實行中央集權式的統治。電台和報章等傳媒被規管，除了必須一律使用葡語外，內容也被審查。音樂和出版等文化事業，都在言論自由被打壓下掙扎。

博物館的一隅掛著巴西國內知名球會的旗幟，也有展板作詳細的介紹。在巴西足球的始創年代，許多球會的成立，都帶著濃厚的族群色彩，這在瓦加斯政權眼中，明顯「不符國情」，加上二戰時巴西加入同盟國陣營，令德國和意大利的背景更無容身之所。政權不僅強制球會內部改為使用葡語，更迫令球會改名，例如意大利族群背景的 Palestra Itália 隊須改名為現今的彭美拉斯（Sociedade Esportiva Palmeiras），以及將 Palestra Mineiro 改為高士路（Cruzeiro Esporte Clube），而由 Hans Nobling 和其他德國裔成立的 Sport Club Germânia 隊則更名為 Esporte Clube Pinheiros。

瓦加斯不僅安排親信掌控足球圈，也擅於利用部分球會和球場作為其宣傳工具。里約球會法林明高（Flamengo），在邁向最受歡迎球會的路上，不忘為政權的愛國主義效力。它將支持者對球會的愛，與公民對國家的愛作為連結，並相提並論。至於華斯高（Vasco da Gama）的主場聖贊拿利奧球場（Estádio São Januário），則屢屢被用作全國教育大會和音樂會等大型活動的場地，成為政權展現國家盛況、宣傳愛國主義的舞台。政權為了將影響力擴展，也著手興建我所身處的帕卡恩布球場，作為在聖保羅的宣傳堡壘。

瓦加斯政權的利爪也同樣伸向其他大眾文化，連森巴舞曲和電影也無可避免地，要替其傳播官方「正確價值觀」和愛國主義。有趣的是，無論是親建制，或是拒絕為政權服務的持份者，都不乏以足球作為主題的作品。雖然有親建制者以足球為政治暗喻，作政治獻媚，但相比之下，Lamartine Babo[8]一周內為里約十一家球會錄制森巴舞曲，明顯更為人稱道。而此時期大部分足球主題的電影，都離不開將說教式的倫理道德和愛國框架。

8 Lamartine Babo：巴西作曲家，於一九六三年逝世。

為「巴西特質」奠定靈魂的，是於三〇年代興起的「混血優秀論」。其代表人物，當數社會學兼人類學家弗雷爾（Gilberto Freyre，台譯弗雷雷）。他於一九三三年出版的小說《主與奴》（Casa-Grande & Senzala）中，藉描述東北部甘蔗園的社交生活，表達對主奴之間跨種族關係的認同。在他的論述中，種族混合能促使國家文化更為豐富，對巴西而言，既符合情理也是必要的。他的想法，將巴西本身的種族多元特性，轉化為優點，正正為巴西特質的最後一塊拼圖。

一九三八年，巴西作為南美洲唯一的代表出戰世界盃，並奪得季軍。弗雷爾將巴西足球風格與歐洲作比較，並指出機靈、敏捷和即興等特性，全都是「混血特質」的呈現。他更指出球員的靈活、閃躲和假動作等，都源自跟森巴舞（Samba）[9]和卡普耶拉（Capoeira）[10]的連繫。

弗雷爾的論述，為巴西「打通任督二脈」，並廣為他人所採用。當代最具影響力的足球記者Mario Filho，於其活躍的廿年中，將這個觀念廣泛流傳。其著作《巴西足球中的黑人》（O Negro No Futebol Brasileiro）強調巴西的混血本質，並認為其融合和多元，能將足球提升到更高層次。日後，將舞蹈、音樂和足球作連繫，並將華麗和即興的足球風格，視作巴西民族特性，成為大眾普遍的看法。

不論是Boi Bumbá、森巴、狂歡節以及卡普耶拉，都如出一轍地將非洲、歐洲和南美文化融合，從過去的歷史中提煉而成，成為代表巴西的文化底蘊。接受和擁抱多樣性，需要過程和載體，「混血優秀論」藉足球而被發揚，總算讓融合誕生的本土文化，在這論述下，建立正面形象和凝聚力。

我步出博物館，走進帕卡恩布球場。這個因政治任務而被興建的球場，代表著巴西的那個時代。經過多年的提煉，足球成為巴西人身分認同的載體，但卻因為一九五〇年的「馬拉簡拿之痛」（Maracanaço，又譯馬拉卡納慘案），只得將豐收

9 森巴：起源自巴伊亞州（Bahia）的一種舞蹈，融合非洲和當地文化後，迅速發展。現已發展為國際知名的舞蹈，是巴西的代表文化之一。

10 卡普耶拉：亦被稱為巴西戰舞。源自十六世紀，原為巴西的非洲黑奴為反抗奴隸主而鍛鍊，一種結合音樂、舞蹈和武術的運動形式。

的季節延後。

巴西足球的黃金時代

在自家門前始料不及的挫敗，令巴西一度陷入迷茫之中。直到一九五八年，巴西首奪世界盃，才正式開啟其黃金時代。為此，我必須動身前往海港城市山度士（Santos，台譯桑托斯），尋訪黃金時代的催化劑、巴西足球的首位代表——比利。

山度士位於聖保羅市的南部，屬聖保羅州，為巴西重要的港口城市，因出口大量的咖啡而聞名於世。自從比利之後，也令其代表球會山度士（Santos Futebol Clube）無人不曉。

聖保羅市往山度士的距離不遠，坐巴士便能輕鬆到達。我到達山度士後，便直接往 Estádio Urbano Caldeira 球場去。尚未到達前，便已見到附近的外牆畫滿了質素甚高的近代球星壁畫，如羅賓奴（Robinho）、迪亞高（Diego）、阿歷斯（Alex）和甘素（P.H. Ganso）等，讓我的心情也漸感興奮。

一如以往，我向球會表明「足球旅行作者」的身分，並表明希望藉參觀，進一步了解球會和傳奇人物比利。球會職員 Larissa 成為我的專屬嚮導，她不僅英語良好，而且友善親切，我們很快便有說有笑。

Larissa 首先帶我參觀的，是「閒人免進」的球會資料室。小小的房間內，有一位白衣白髮白鬚、不苟言笑的叔叔，在他身旁的是半個人身高的比利黑白相，還有貼滿房間的相片和剪報。這位叔叔似乎就是球會的「史官」，負責搜集和保存球會的歷史。史官叔叔以為我是日本人，還給我看日本國寶三浦知良年輕時在球會的相片。我看著眼前的歷史之牆，難掩雀躍。一如所料，數以百張的真跡之中，以比利的佔最大部分，從他的青年時代、簽約場面、球員列隊、入球瞬間和第一千球的歷史時刻都一一羅列。相比之下，過往無論是網上圖片，或是博物館中的印刷品，都沒有這些泛黃的歲月痕跡。

其後，Larissa帶我參觀球會博物館。館內有介紹球會的歷史，也以英雄式的氣勢，介紹球會史上各大球星。博物館甚至刻意將巴西的未來，跟球會的當家球星掛勾，最明顯是一幅畫上羅賓奴和比利，背景為巴西國旗的畫，對尼馬的推崇也是不遑多讓。然而，綜觀整個博物館，主角依然是比利。

博物館內的各處，寫有一些語錄名人語錄，如匈牙利傳奇普斯卡斯（Ferenc Puskás）對比利無上的讚美，也有列出球會的數據和偉大事蹟。無論是「一九五四至一九六六年在領隊Lula的帶領下，奪得34個冠軍」，還是「一九六三年，二十萬人特地前往里約，就是為了在洲際盃的AC米蘭的大戰中支持球會」，都跟比利和他的時代有關。在比利效力的十八年間，帶領山度士登峰造極，除了勇奪一九六二年和一九六三年的南美自由盃和洲際盃冠軍，也得到不少的國內錦標。山度士在比利的巨大名氣下，舉行世界性巡遊式賽事，成為巴西軟實力的代表。對這位殿堂級球王的歌頌，同時也是對球會輝煌時代的追憶和肯定。

我隨Larissa繼續在球會內參觀，她對於我以足球了解社會文化，顯得甚感興趣。她對香港近乎一無所知，但無阻她的好奇，也希望了解在亞洲人眼中的山度士和巴西。或許這就是圖騰的意義，當一個地方或文化，找到其象徵意義的圖騰，便成了他者的第一印象和切入點。我看到更衣室其中一格，是比利背影相片；記者會室的背景，是10號球衣的比利被眾人高舉的場面。我倆踏足球場的草地，我輕撫場上的青草和土地，即使歲月會沖淡，但歷史從未憑空消失。曾經激盪人心的熱情、過往暫忘憂傷的投入，凡此種種情緒，都化作春泥。比利仍然是山度士的圖騰，而足球則是巴西的圖騰。

告別一見如故的Larissa後，我在她的建議下，來到比利博物館。市政府為致敬一代球王，將火車站對面的一座舊宅翻新，進一步紀錄他的事蹟、歌頌他的貢獻。博物館的展板首先介紹比利的生平，從自幼家貧、為生計打工，到嶄露鋒芒，讓人們一起見證比利成為「國王」之路。自從於一九五八年以十七歲之齡入選國家隊，並以出色表現協助巴西奪得首次世界盃冠軍後，比利就成為萬人讚頌的天皇巨星。一生四度出戰世界盃，並三次奪冠而回的佳績，既是前無古人，恐怕亦難後有來者。

館內詳細地紀錄他參與的歷屆世界盃，他於某場比賽中的表現，甚至某個入球，都一一羅列。從他所受到的重視和尊敬，可見被稱為黃金時代的巴西足球為社會帶來多大的震撼。

「你們喜歡比利嗎？」我向幾位年青的博物館職員，了解他們對比利的看法。總結而言，他們的評價是「他是一個很出色的球員（但是個爛人）」、「他對於那個年代的巴西很重要」和「現在仍喜歡他的人，主要是曾經經歷他年代的人，即是我祖父母的一代」。幾乎都是保持距離的謹慎說法，但我喜歡他們的真誠。

撇除個人喜好和情感因素，比利作為當代最出色的人氣球星，得以收穫最大的盛名，但黃金時代實非他一人所獨建。如一九六二年的世界盃，比利僅兩場便告傷出，當屆最大的奪冠功臣，是另一位天才加連查（Garrincha）。更正確來說，當時的巴西足球人才輩出，正是這一兩代的好手如迪迪（Didi）、李維連奴和渣仙奴等眾星拱照之下，共同建立巴西的盛世。

而且，黃金年代的建成，不僅因其卓越的國際賽成績，也得益於足球與其他文化進一步的親密結合。文學家把足球寫進他們的作品時，不忘貫注對球會的狂熱之情。詩人讚頌個別球星偉大的天才氣息和神乎其技。藝術家的畫作中，彷彿總見足球的身影。音樂人盡情地以歌曲表達對足球的熱愛，同時展現出對巴西文化前所未有的自信。電影如《里約40度》（Rio 40 Graus）和紀錄片如《加連查：人民的歡樂》（Garrincha — Alegria do Povo）等，則以展示窮人的足球文化，突顯巴西社會，尤其是低下階層的實況。

巴西連奪世界盃的成績表，成為多種族國家優越性的「證明書」。比利的優秀，也令非洲裔球員的地位更為提升。足球不僅為巴西帶來國際聲譽和民族自豪感，在日常生活中更是無孔不入。足球於黃金時代，終於完成融合種族和階級、建立「巴西特質」和身分認同載體的任務。自此，「足球王國」之名不脛而走。

離開巴西之前，我在飛機上回看這片土地，回憶在帕林廷斯跟一眾巴西朋友看球賽的一幕。當巴西於16強對智利，最終步入「互射12碼」[11]階段時，我們的心跳快得誇張，連呼吸都有點困難。大家搭著肩膀，排成直線，就如是即將射門的球員一樣。每一個球員走近12碼點，都構成我們心臟強烈的衝擊與負荷。我和巴西朋友們都屏息靜氣，當門將施薩撲出對方的射門時，Cesar 整個人跳起來了，我們幾個相擁地跳起來，大家都互相擊掌和歡呼。

但當巴西球員射失後，我們又一陣鴉雀無聲。Cesar 一直在摵下巴，偶爾拍手鼓勵電視中球員；屋主叔叔一直沉默不言，只雙手交叉放在胸前；有朋友或雙手握緊，或咬手指，或抓頭掩面，在場的人無一不緊張至極。直到最後，門將施薩成為功臣的一刻，大家無比激動地高聲振臂狂呼，更擁作一團在跳動！男孩也立時擁抱母親，這一刻，巴西全國都在震動了吧？後來，我跟屋主叔叔擁抱時，看見一直默然的他雙眼都通紅了，一副明顯鬆一口氣的樣子。

足球與巴西的連繫早已植根人心，深繫這片土地上的每張臉。然而，比起粗略地以「足球王國」或「森巴王國」作為巴西的代名詞，更應該認清巴西獨有的文化產物和形態的全貌，足球不過既是載體也是其呈現的方式之一而已。

11 12碼：Penalty Kick，台譯點球。

BRAZIL

亞瑪遜大劇院見證瑪瑙斯的高低起伏。

帕林廷斯民俗節規模龐大，是堪比森巴嘉年華的重要節日。

許多亞瑪遜的居民仍然生活簡樸。

友善的 Larissa 帶我參觀山度士球會。

無可否認「球王」比利是巴西足球的代表人物。

在世界盃的風光背後，巴西大部份地區仍然貧富懸殊、基建不足。

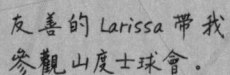

二、足球王國為何反對主辦世界盃？

現場觀看世界盃賽事，可能是每個球迷的夢想。我也有這樣的「世界盃夢」，它亦理所當然地被我跟「拉美旅行夢」合併起來。畢竟，比起諸如南非、俄羅斯和卡塔爾等，還有哪兒比起在「足球王國」看世界盃更值得期待？

世界盃舉辦前的網上售票如火如荼，我才後知後覺地研究購票方法。不消一眨眼的時間，著名大城市如里約和聖保羅等的門票火速售罄。為免過於操勞和破費，我決定選擇至少仍餘下兩場比賽門票的城市。最終看似與世隔絕的瑪瑙斯，成為我一圓「世界盃夢」的地方，實在是始料不及。

兩場現場世界盃賽事

打從我到埗的一刻起，我便已感到世界盃的氣氛。經歷近四十小時的熬人機程後，我抵達瑪瑙斯機場時已是當地時間的深夜。由於治安的考慮，我已有睡在機場的打算。意想不到的是，機場的抵境大堂內，設有一個世界盃的 Fun Zone 區域，為旅客提供軟墊和枕頭，甚至各式足球娛樂，包括播放過往世界盃經典時刻的電視、足球遊戲的遊戲機和足球機等，讓人很快地進入狀態。

瑪瑙斯作為二〇一四年巴西世界盃的十二個主辦城市之一，只會舉行四場的分組賽賽事，我們預先購得其中兩場。雖然網上售票系統早已成熟，但由於這是我首次現場觀看世界盃，在正式門票尚未到手前，內心仍是少不免帶點緊張。可幸的是，我的首位沙發主 Marcelo 也剛好觀看同一場賽事。在他的陪同下，我們很方便地到達取票中心。我經歷舟車勞頓、尚未適應時差，直到手執門票，站在球場外的一刻，方越來越感到真實。

球賽於當地時間下午六時開始，我們於比賽時間前一小時多便已到達。既是因為不敢怠慢，也希望可以好好感受氣氛。也許因為是首場分組賽的緣故，賽前雙方球迷都非常輕鬆。幾名克羅地亞球迷披著國旗，趾高氣揚地往球場方向邁進。其中一位情緒激昂的球迷，卻因為從頭巾、球衣到長褲，全身都是紅白格子的圖案，顯得格外滑稽。兩位分別穿上對賽兩國球衣的球迷，主動示好，並搭著肩膀合照。在抵達球場前的大道上，有一群人在跳舞，也有些人在進行射龍門的遊戲。

我在排隊進入球場的時候，心情既興奮又緊張。通過安全檢查後，我的步伐已經急不及待。「世界盃，我來了！」接近四萬名座上客，開始陸續進場。我由球場的內到外，都參觀和欣賞一遍。無可否認，這種現代化和規模龐大的球場，是教人激動和期待的。

隨著國歌儀式相繼完成，這場喀麥隆vs克羅地亞的比賽也正式展開。可惜的是，兩隊之中我唯一喜愛的球星伊度奧（Samuel Eto'o）卻因傷缺陣，我的立場便變得更模糊了。值得紀念的是，這是我首次觀看非洲球隊作賽，卻彷彿見證非洲足球的粗疏。球員都有勇無謀，毫無章法。這是典型非洲足球的幼嫩，球員習慣了依賴自己的身體質素，卻沒有足夠的意識、智慧和合作，加上桑治（Alexandre Song）不明所以地從後向對方打肘被逐，結果喀麥隆0：4兵敗如山倒。

我的第二場比賽，則是四天之後的葡萄牙vs美國。由於瑪瑙斯市內的巴士服務很不穩定，等候時間很難預算，害我擔心會遲到。直至到達球場附近，遇見各式打扮的球迷後，我才安心起來。美國球迷的數量，出乎意料地多。當然，不少美國人比較富有，位置也相對接近巴西，來現場捧場和參與，也無可厚非。至於前宗主國的葡萄牙，也不遑多讓，相信既是因為巴西人口的葡裔血統和葡語背景，也因為C朗拿度（Cristiano Ronaldo）吧。

一群葡萄牙球迷不但請我喝地道飲料，又借顏料替我作面上彩繪。這種花心思打扮的行為，對投入很有幫助。我也較第一場時更為興奮。球場內的氣氛熾熱，美國不明所以地有大量球迷，幾乎像是有半個主場之利。對手葡萄牙，則得到普遍巴西人的支持，得以分庭抗禮。我站到幾位悉心裝扮得像士兵一般的葡國球迷旁，跟他們一起歡呼，也乘機「搏上鏡」，或者香港的朋友可以因而在直播中看到我？

整場比賽也氣氛極佳，不時有人主動的激起人浪。初時，因為「美國主場區域」的人本來都已站立，人浪無法突破，後來他們也舉手配合，人浪便暢通無阻地環迴整個球場了。

有趣的是，這場明明是美國 vs 葡萄牙的比賽，卻有各式其式的人在「無關地」舞動自己的國旗，阿爾巴尼亞、黎巴嫩、洪都拉斯、巴西、阿根廷和科威特等。我的委內瑞拉朋友更悉心地把國旗畫遍臉部以至身上。現場有巴西人舉起寫著「從瑪瑙斯到世界」（de Manaus para o mundo）的紙牌，也有女球迷高舉「C朗，吻我」（#CR7 me beija）的字樣。還有美國球迷扮演超人、蝙蝠俠和美國隊長，大家都像參與一場大型的國際派對。

或者，世界盃就是這樣的場合，這是一個無分種族國界的派對。每個人都帶著不同程度的笑容去投入和互動。場內的每一個角落，都在握手、擁抱、歡呼和起舞。比賽的隊伍甚至過程，都並非最為重要。世界盃已超越足球，它是一個讓所有人共同參與的平台。

我看著委國朋友的興奮表情，就如同在場的許多張臉，這是一張圓夢的臉。多少人的夢想與願望，就是能親身參與世界盃。在圓夢的歷史時刻，都必定全情投入、揮舞見證自己的旗幟、盡情地高呼「I am here!」數萬人圍繞22人的追逐遊戲，共同經歷90分鐘的背後，有著多少的尋夢故事？

在球賽完結時，一群群手持贊助商啤酒的球迷在合照。亞瑪遜球場（Arena da Amazônia）化作熱帶雨林中最奪目的光芒，照耀著黑夜裡的瑪瑙斯。我在球場外望向眼前由燈飾和人群組成的夜景，這是我本次一年旅程中的首個感動。我真切地找到世界盃之旅「應有的」感覺。作為我這一代的球迷，曾經現場見證過美斯（Messi）和C朗，親歷曼聯（Manchester United）的「92class」，感受喜歡的三家球會主場作賽，到今天能出席世界盃，實在深感無憾了。

全球化下的巴西足球生態

「為甚麼足球王國會反對主辦世界盃？」在我一圓「世界盃夢」後，我開始重新思考一個出發前的問題。

早於二〇一三年舉辦洲際國家盃，到二〇一四年世界盃開賽前夕，巴西國內的反對聲音和街頭抗議便無日無之。「巴西人不是普遍熱愛足球嗎？為甚麼他們不歡迎甚至反對世界盃？」對於這個問題，我在瑪瑙斯舉辦世界盃的日子，只是略有眉目。隨著我對巴西的了解增加，我才開始漸漸明白。這是關乎社會的問題，但不妨繼續以足球作為故事的延續。

於世界盃曲終人散的翌年，我終於來到巴西長久以來的軸心——里約熱內盧及聖保羅。我以彭美拉斯主場對戰國際體育會（S.C. Internacional）的一場巴甲聯賽，作為了解巴西足球生態的序章。

作為歷史悠久的聖保羅球會，彭美拉斯坐擁能容納四萬多人的安聯公園球場，雖然比賽未能滿座，但仍算是熱鬧非常。夜裡，球場外照射著帶點詭異的綠色燈光，我跟其他球迷一起，紛紛進入這座宏大的球場，這也是我首次在球場內乘坐扶手電梯。

這場比賽的兩家球會，雖然並非宿敵，但也算是傳統勁旅。在巴西，12家最受歡迎及最成功的球會被稱為「G12」，自巴西全國性的聯賽成立以來，只有6家球會能打破他們的壟斷，而G12中的其中10家球會，都曾經奪得南美自由盃冠軍。

跟不少南美洲的比賽情況相近，兩隊的陣容中，都是以退休前的歐洲回流的球星帶領名不經傳的新星。主隊彭美拉斯，仍然以年過四十歲的前拜仁慕尼黑球星薛羅拔圖（Zé Roberto）掛帥，作客的國際體育會則有更多我熟悉的名字。客隊的正選陣容中有曾效力維拉里爾（Villarreal CF）的尼爾馬（Nilmar）和前羅馬（A.S. Roma）中堅祖安（Juan），後備席上，更有前AC米蘭（A.C. Milan）門將迪達（Dida）和前曼聯球員路爾斯・安達臣（Luís Anderson）。

至於所謂的新星，數年過後，卻發現不成大器者眾。兩隊陣容之中，只有當時二十三歲，尚未前往歐洲發展的，現利物浦（Liverpool F.C.）門神艾利臣（Alisson Becker）能夠躍升頂級之列。之後要數的，恐怕已是當時二十四歲，後來效力費倫天拿（ACF Fiorentina）兩季的Vitor Hugo了。其他的年青球員，大都是留在巴西發展，或轉戰土耳其、日本甚至中國等足球聯賽。

這就是全球化下的巴西足球實況，曾經叱吒風雲的南美足球，已淪為原材料供應商。由於國家整體的經濟不穩，加上足球壇的管理混亂和貪污腐敗等問題，大部分巴西球會都債台高築，並深陷萬劫不復的惡性循環之中。

從九〇年代起，世界貿易增加，電視直播以至後來的互聯網，將足球帶進全新的全球化領域。巴西的足球產業，已形成一個由球探、經理人和中介緊密編織的網絡，以「一球成名」式的脫貧美夢之名，吸引無數年青的小伙子。他們與全國逾二千家職業球會組成「生產線」，「生產」並「出口」足球員。現時，巴西已成為每球最大的職業足球員輸出國，「巴西球員」變成一種品牌、一種單一文化輸出，每年平均出口至少八百名球員，牽涉金額逾百億美元，其重要性甚至可在國民生產總值的數據中呈現。

現代足球在全球化的市場下，猶如回復殖民時期的姿態。西歐足球在市場價值、贊助商和轉播收入等範疇，都大幅抛離其他地區，成為世界系統理論之中，當之無愧的核心。由於資源的過度集中，「核心」得以吸納「半邊陲」或「邊陲」的低價原材料，並反過來將高利潤的消費品向後者傾銷，繼續維持其優勢。

以「邊陲」的巴西為例，稍有前途的年青球員，先轉投「半邊陲」的歐洲次級聯賽，打出名堂後被招攬到歐洲頂級聯賽。具體例子，包括朗拿度出道一年便已轉投荷蘭的 PSV 燕豪芬（PSV Eindhoven），再加盟巴塞隆拿（Barcelona）；或是大衛雷斯僅踢一季巴甲，便已轉投葡萄牙的賓菲加（Benfica），其後再效力車路士（Chelsea）。

更為複雜的是，足球產業並非只有單向地傾側於「核心」的形態。西歐以外的新興經濟體系，藉發展足球作為其軟實力，以高薪吸引名氣球員效力，當中包括「足球夢」的中超、俄羅斯、土耳其、中東地區甚至印度。富明尼斯（Fluminense FC）的阿根廷中場干卡（Darío Conca），挾巴甲最佳球員之名加盟廣州恆大，或是前國家隊常客奧斯卡（Oscar）出人意表地於二十五歲時離開車路士，轉戰上海上港，都是近年的例子。

在如此的大環境下，稍具質素的球員，都不會留在巴西本土聯賽發展，球會也急不及待地一一善價即沽。人才流失下，球會的競爭力難以保持，比賽的可觀性也下降，自然影響門票收入，整體聯賽的市場價值、水平和吸引力也持續向下。為保持名氣，巴西球會只得依賴高峰已過的歸國球員作為招徠。與此同時，面對來自歐洲各大聯賽和歐聯的轉播競爭，本土賽事節節敗退也不足為奇。

問題是，出售球員的可觀收入，理應有助球壇的持續發展，甚至重振旗鼓。除了全球化的因素之外，到底巴西自身又出現甚麼問題呢？

「大禮帽」與足壇腐敗

以「G12」為名的巴西大球會，可說是同流合污的的代名詞。無論是貪污腐敗、中飽私囊、以權謀私、恃強凌弱、管理混亂或暴力頻仍，幾乎能想出的指控，都適用於這些大球會身上。

完成聖保羅州四大球會（山度士、哥連泰斯（Corinthians）、彭美拉斯和聖保羅（São Paulo FC））的拜訪之後，我來到里約熱內盧。這個前首都城市，是世人印象中的巴西，不論是狂歡節、Copacabana 海灘、貧民窟和耶穌像，活力與激情，都盡在此地。

里約熱內盧風光明媚，地形獨特，為飽覽全城的風采，我來到耶穌像所在的駝背山（Corcovado，又譯基督山）。從山上的觀景台望去，整個瓜納巴拉灣（Guanabara）的景色一覽無遺，長長的海灘從 Copacabana 延綿到 Ipanema，無數本地人與遊客悠然自得。因為形狀而被稱為「里約之心」的羅德里格環礁（Lagoa Rodrigo de Freitas）吸引了我的注意，還有建在湖畔的馬場。

我以望遠鏡盡情眺望，著名的球場成為辨認位置的地標，再以地圖作比對，讓我一下子加深對各區位置的掌握。面對如斯美景，身旁的旅客無不讚嘆連連，但大部分人的目光，總是望向富裕光鮮的里約南區，對於匱乏不足的北部，或是藏於山中貧民窟，總是有意無意地視而不見。救世基督像張開雙臂，歡迎來自世界的遊人，也擁抱腳下的這片大地，守護地上居民的自由意志。然而，即使「人在做，天在看」，這片土地上的許多人，卻選擇假借足球之名為非作歹，甚至肆無忌憚。

龍門任搬

我從駝背山上回到平地，來到黃金地段的 **Laranjeiras** 區，參觀歷史悠久的名流球會——富明尼斯。雖然球隊的比賽場地，早已移師至馬拉簡拿球場（Estádio do Maracanã，又譯馬拉卡納球場），但球會仍然坐落在舊址拉蘭熱拉斯球場（Estádio das Laranjeiras）的位置。

球場毗鄰王室的故居瓜拿巴拉宮（Guanabara Palace），跟一度成為總統官邸的拉蘭熱拉斯宮（Palácio Laranjeiras）也不過是數百米的距離，可能是曾經最接近總統府的球場。我從大街轉入位於小路的球會入口，馬賽克式拼砌的黑白地磚在歡迎我。園內立有數個雕像，包括四〇至六〇年代的門將 Castilho、被稱為「Casal 20」的八〇年代攻擊組合的 Assis 和 Washington，還有一眾前主席和名人球迷。

在氣派優雅的白色殖民地三層高建築物內，是球會的博物館。不少人慕名參加官方導賞團，聆聽球會的歷史介紹。富明尼斯由 Oscar Cox 和一眾上流社會的友人，於一九〇二年一起始創，從一開始就被視作專為本區的超級富豪而建立。我看到歷任主席的名單中，多番出現富甲一方的 Guinle 家族成員的名字，包括 Carlos Guinle、Guilherme Guinle 和在位長達十五年的 Arnaldo Guinle，便更明白球會的人脈關係和政經影響力。[1] 從資料中可見，其管理層和相關人物，還包括當代地位顯赫的名人如小說家 Coelho Neto 和劇作家 Nelson Rodrigues 等，這種聯繫到今天仍未褪色，支持者包括前文化部長 Gilberto Gil 和電視節目名人兼傳媒大亨 Silvio Santos 等。

富明尼斯以「巴西足球搖籃」自居，博物館內展示的球場模型，就記述拉蘭熱拉斯球場不同階段的歷史。球場始建於一九〇五年，是巴西最具歷史的球場之一，也是巴西國家隊首場比賽的場地（一九一四年）。直到一九一九年，巴西首次舉辦南美足球錦標賽，就是在特地改建的本球場進行。財大氣粗的富明尼斯，更於一九二二年提供場地、財政和統籌等的支援，協助政府於獨立百周年舉辦拉美運動會（Jogos Latino－Americanos），至今仍然以此為傲。我步出主看台，眼見這個具歷史意義的球場，想像二十世紀初期，無數頭戴淑女帽，身穿長裙的里約姑娘花枝招展地排在欄柵旁，為場上的球員歡呼高唱。

參觀中最為特別的，是名為「貴族大廳」的宴會場地。自建成而來，連巴西總統如 **Juscelino Kubitschek** 和瓦加斯、外國元首如比利時國王 **Albert I** 和日本明仁天皇等都曾經到訪。日間，陽光從花窗玻璃穿透；夜裡，燈火藉水晶吊燈閃耀，牆上的壁畫見證無數名人在宴會中舉杯暢飲、交頭接耳。

作為傳統上流社會支持的球會，不管其成績如何，富明尼斯從來不缺政治聯繫，後台堅實的他們，不時都「球場上的問題，球場外解決」。

---

1 Guinle 家族：曾為巴西首富家族，一度壟斷山度士碼頭的特許經營。家族的業務範疇廣泛，包括電力、地產、銀行、建造業、鋼材和酒店等。Guinle 家族曾經對巴西社會有相當大的影響力，與之相關的建設，包括後來歸政府擁有的拉蘭熱拉斯宮和周邊的 Eduardo Guinle 公園、著名的 Copacabana 皇宮酒店（Copacabana Palace）和 Gaffrée e Guinle 醫院等。

一九九六年，富明尼斯以尾二完成聯賽，理應降班至乙組。然而，巴西足協以懸案「Ives Mendes醜聞」為理由，取消當屆的降班安排。[2] 然而，藉口似乎總有用盡之時，持續低迷的富明尼斯於翌年終告降班。這只是巴西足壇傾斜大球會，突然改變規則的例子之一。

正所謂，低處未算低，人無恥便無敵，更為經典的「搬龍門」事件，出現於數年之後。一九九九年，兩家傳統大會，保地花高（Botafogo）和國際體育會雙雙降班。巴西足協扭盡六壬，最後以聖保羅使用違規球員Sandro Hiroshi為名，判前兩者在對賽中獲勝。然而，賽會只是厚此薄彼地為前兩者加分，其他球會並未從中獲益，甚至「肇事者」都無需扣分。結果，原本護級成功的小球會伽瑪（Sociedade Esportiva do Gama）反倒落入降班漩渦。

最後，伽瑪訴諸法律，並獲法庭裁定勝訴。面對法庭的決定，巴西足協索性廢除原有的聯賽，讓由13家傳統大球會組成的「Clube dos 13」，成為新賽事的主辦單位，是為夏維蘭治盃（Copa João Havelange）。新賽事包攬全國１１６隊球隊，猶如令人摸不著頭腦的「大亂鬥」，卻報復性地將伽瑪拒諸門外。而作為「Clube dos 13」的一員，一九九八年淪落到丙組聯賽的富明尼斯，一下子就借屍還魂地，跳級重返到頂級賽事的舞台，過程中連臉也不紅。

二〇一三年，富明尼斯成為有史以來首個降班的衛冕冠軍。這一次，成功護級的球隊波圖基沙（Portuguesa）被指在一場球賽中起用被停賽的球員 Héverton，最終被扣 4 分，「剛好」讓富明尼斯取而代之，再次避免降班厄運。

歷史不斷重覆，「誰大誰惡誰正確」，所謂的公平競技和程序正義，似乎跟巴西足壇相距甚遠。

---

2 Ives Mendes 醜聞：一九九七年，巴西傳媒 TV Globo 播出時任 CONAF 主席 Iven Mendes 的秘密電話錄音。錄音中顯示 Iven Mendes 涉嫌以該組織負責安排比賽球證之利收受利益和控制球賽，成為巴西足壇一大醜聞。由於公平性成疑，賽會取消當屆的降班制度，唯醜聞所牽涉的人物或球會，都沒有受到與之相符的懲罰或制裁。

巴西式管理

為進一步接觸巴西足壇，我由富明尼斯走到法林明高，彷如當年球會分裂的出走歷史。[3] 我沿著湖畔走，不難發現法林明高同樣是身處富人地段的球會。事實上，法林明高一開始也只是上流社會的俱樂部，直到三〇年代中後期，才出現巨大變化。

我來到球會總部加維亞球場（Estadio da Gavea），其官方名稱 Estádio José Bastos Padilha，就是以改變球會命運的時任主席命名。當時的巴西足球，站在業餘與職業化的世代交替的時刻，許多大球會都對職業化表明反對。而一九三四年上任的球會主席 José Bastos Padilha，則帶領球隊迎接時代的新挑戰。他帶領球會走向「市場化」，從建立星光熠熠的球隊、對球會重新包裝和定位、加強宣傳，到大力吸納新會員，形成一個增加收入和知名度的正面循環。

他為球隊引入當時的頂級球星如 Domingos da Guia 和 Leônidas da Silva，並且高

瞻遠矚地聘請匈牙利人 Dori Krueschner 作主帥，將「WM 戰術」帶進巴西。此外，大膽起用四名出色的阿根廷球員，並招攬當時三名最具名氣的黑人球員以及為全市的青少年開放體育項目等，都為球會奠定不分階級和種族，面向大眾的新形象。

球會除了擁有全明星陣容、改造形象，還收購報刊加強宣傳，並進行全國巡迴表演賽，加上加維亞球場的落成和放寬會員限制，令支持者和收入大增，使法林明高一躍成為全國最受歡迎的球會。（或許「識趣地」配合愛國和民粹主義的「主旋律」，也是當時有利發展的條件。）

球會的門口，有一座全身的雕像。正是於一九五一至五五年擔任主席的醫生 Gilberto Ferreira Cardoso，他與前者和 Marcio Braga，被視為帶領球會走向成功的三位最重要的主席。[4] 在 Cardoso 的任期內，球會兩度進行歐洲巡迴賽，其出色的表

3 法林明高在成立初期為划艇會。一九一一年，十位富明尼斯球員因意見不合而出走，他們跟隨身兼法林明高划艇選手的隊長 Alberto Borgerth 加盟，並成立足球部。

現，為巴西足球在「馬拉簡拿之痛」後重建國際聲譽和威望。而且，他不僅帶領球會的足球部獨得里約州聯賽的三連冠，在球會的其他運動項目包括排球、籃球和田徑上，也取得優異成績。可惜，讓這位主席更為傳奇的是一場戲劇性的悲劇。他於一九五五年因見證球會籃球隊的壓哨球反勝一刻，懷疑過於激動而心臟病發，以時任主席身分離世。

球會博物館門外是名宿「白比利」薛高（Zico）的雕像，館內展示被稱為「薛高時代」的獎盃，在他帶領下的七〇至八〇年代初，是為法林明高最輝煌的時期，尤其於一九八一年首奪南美自由盃和洲際盃，更是無數球迷心目中的巔峰。然而，博物館總是記載著光彩和榮譽，現實卻總是離不開黑暗與污名。

自八、九〇年代起，巴西球會的欠薪和負債問題嚴重。可是，作為國內最受歡迎的球會，法林明高為何卻仍是一貧如洗、負債累累？

在巴西足壇，球會管理層一般為義務形式，並無薪金收入，卻為何多年來令人趨之若鶩，並引起龍爭虎鬥？難道只是單純因為對球會的熱愛？或者部分人的答案是正面的，但肯定並非所有人。長久以來，巴西球會都因其作為非牟利團體的性質，無需公開帳目，加上巴西整體社會的裙帶關係、私相授受和黑箱作業，灰色地帶無所不在。球會的管理層成為罪惡溫床，這些掌控巴西足壇的人被稱為「大禮帽」（**Cartolas**）。

「大禮帽」肆虐整個巴西足壇，他們只顧爭權奪利，往往令球會的管理混亂，不僅浪費資源，甚至會醞成慘劇。二〇〇一年，法林明高便鬧出一季經歷七位領隊的笑話。二〇一九年，訓練場地發生火災，造成十人身亡，事發的地點是未經建築許可、只以貨櫃打通而成的違規宿舍。令人難以原諒的是，情況並非能力不足致管理不善，而是中飽私囊。

---

4 Marcio Baroukel de Souza Braga：於七〇年代到〇〇年代六度當選球會主席，累積在位十四年，期間為球會贏得最多的錦標。

球迷數量龐大、人才源源不絕、加上「巴西足球」的品牌效應，令國際市場曾經非常看好本地足壇的商業潛力。在政策轉變的前提下，一批外國企業於千禧年代初，紛紛向巴西的大球會注資，期望打造一個知名度和商業價值不亞於西歐的頂級聯賽。於一九九九年當選球會主席的 Edmundo dos Santos Silva，承諾透過與瑞士體育市場推廣公司 ISL（International Sports Licensing）合作，帶領球會成為全球最佳。結果，翻新加維亞球場和興建訓練中心的承諾未見兌現，來自 ISL 公司的一千三百萬美元投資，連同許多轉會費交易的資金，一律不翼而飛。

然而，一如過往，「大禮帽」的犯罪行為幾乎沒有後果。即使二〇〇二年一班憤怒的球迷，手持武器闖進球場，向管理層表達不滿，後來主席 Edmundo dos Santos Silva 甚至歷史性地被彈劾，但所謂的後果，也不過如此。相同的橋段，在其他球會如哥連泰斯、彭美拉斯和華斯高等，都一一發生。國際企業原本打算藉外資，引入制度化管理模式，卻慘遭「大禮帽」吞噬。

深陷債務危機、長期欠薪，甚至無法支付地租等，成為巴西球會的常態。法林明高於二〇〇四年已負債兩億里拉，到二〇一三年時更已累積至七億三千萬里拉。然而，「大禮帽」們宣稱對球會的熱愛，獲得選票進入管理層後，繼續肆意搜刮，將球會經營和球隊成績拋諸腦後。我看著球場那只有一邊的看台上，多層的階梯畫有的大型會徽，只盼它不會有一天崩塌落下。

巴西足協

為了根本地改變局面，巴西政府曾經於九〇年代嘗試作出改革。為此，薛高和比利先後被命名為體育部長，並提出改革措施。然而，這兩項分別被稱為「薛高法」和「比利法」的嘗試，不是效果有限，就是被親「大禮帽」的議員在國會層面閹割。巴西足協和球會的「大禮帽」們，依靠公然賄賂法官，加上在議會的勢力，繼續逍遙法外。

歸根究柢，球會借非牟利團體名義，毋須向政府或公眾公開財政，是貪污問題的一大關鍵。直到二〇〇三年盧拉（Luiz Inácio Lula da Silva，台譯魯拉）政府提出的《球迷憲章》，以提供足球彩票收入予球會償還債務作利誘，才勉強讓球會願意對政府公開帳目。

顯而易見，腐敗的遠不止是大球會的管理層，與之狼狽為奸的，是隻手遮天的巴西足協。巴西足協長年由一小撮利益集團壟斷，他們藉此建立一個幾乎毫無制約的私人王國。前國際足協主席夏維蘭治（João Havelange）權傾天下，他在位期間讓女婿泰斯拿（Ricardo Teixeira，台譯泰謝拉）自一九八九年起擔任巴西足協主席，後者於二〇一二年又將位置交予親信馬連（José Maria Marin，台譯馬林），彷如世襲。

巴西足協的罪狀罄竹難書，管理層生活窮奢極侈，本地球員的收入卻低得可憐。巴西足協的收入與日俱增，在足球發展上的開支卻不升反降。多年來，從球賽的電視轉播權、國家隊的贊助商，到球場的翻新興建和大盃賽事主辦權的投票等，管理層貪污賄賂的機會多如天上繁星，他們也自然是「卻之不恭」。而泰斯拿用足協的錢光顧自己的企業，也似乎是公開的秘密。

自從一九九八年世界盃決賽落敗後，有關巴西足協和體育服裝公司 Nike 的秘密協議，就成為各界的關注。傷病或狀態不佳的朗拿度，是否在贊助商的壓力下被迫上陣？贊助商對國家隊還有多大的干涉？

巴西參議院曾經就足壇腐敗和「巴西足協—Nike 案」成立調查委員會。調查雖發現巴西足協和 Nike 不尋常地，簽訂接近三億七千萬美元鉅額的十年贊助合約，但未能提出確切的違法證據。在調查中，揭發出大量足壇的犯罪證據，報告建議起訴三十三名相關的管理層，包括惡名昭彰的華斯高主席 Eurico Miranda 等。過程中，選擇與「大禮帽」們站在同一陣線的，所謂的球王比利也被證明是一丘之貉。然而，憑著被收買的議會勢力和司法制度的不濟，加上二〇〇二年國家隊捧盃而回的歡樂氣氛，調查最終幾乎不了了之。

根據 BBC 調查報導，由跟夏維蘭治關係友好的前 Adidas 老闆 Horst Dassler 所創辦的ISL公司，之所以能獲得一九九八至二〇〇六世界盃的獨家轉播權和營銷權，是因為在過程中向前者和泰斯拿等人提供逾四千萬瑞士法朗的賄款。然而，因ISL倒閉後揭發的這宗案件，卻以兩人償還部分賄款告終，沒有人因而負上刑責。

峰迴路轉，以美國聯邦調查局為首的執法部門，於二〇一五年展開突襲式行動，包括前巴西足協主席馬連等七名國際足協成員在瑞士被捕。案件牽涉範圍極廣，揭露出各國足總、南美足協、國際足協和跨國公司所組成的大型犯罪利益集團。馬連及其繼任者Marco Polo Del Nero先後被定罪和起訴，來自巴西的Traffic Sports公司及其擁有者Jose Hawilla皆被定罪。

牽一髮動全身，國際足協最大的貪污案爆發後，引起媒體關注，也帶動各地展開對足壇整肅的相關行動。已晉身為聯邦參議員的名宿羅馬里奧（Romário），一直大力批評巴西足壇的腐敗，他曾形容「二〇一四年世界盃是巴西歷史上最大的劫案」。在他的帶領下，專責成立的議會調查委員會，力求進一步調查國內足壇貪污情況，誓言將足壇的吸血鬼們打進天牢。足球只是一面放大鏡，將巴西社會充斥的貪污腐敗、官商勾結、漠視制度和破壞程序公義等惡行和特質表露無遺。生活在這樣的社會，無論與足球是否有關係的所有巴西人，都無一倖免。

巴西的「世界盃夢」

巴西一直有個夢。她有一個盛事夢，或最理想的是世界盃夢。更準確來說，是一個藉著舉辦盛事，來證明自己已經起飛、足夠跟強國平起平坐的「夢」。

基於殖民主義和奴隸制度等背景，巴西從出生開始，便背負著自愧不如的枷鎖。她在歐洲的陰影之下成長，歷盡自我定位的迷失，終於自三〇年代起，在足球上找到建立自尊的機會。

二次大戰之後，南美成為少數未受戰火摧毀的「淨土」。巴西經濟得以間接地從大蕭條中復甦，並在增加對美國的原材料供應等外圍環境因素帶動下，逐漸實現經濟轉型、工業化和現代化。在如此背景下，巴西幾乎毫無懸念地成功申辦戰後首屆世界盃，經歷近二十年國族主義和身分認同的提升，巴西已急不及待向世界宣布，她的國力已經足以比肩歐洲列強。巴西的「世界盃夢」，就是一個與民族尊嚴掛勾的「大國崛起夢」。

世上有一個地方，完全是巴西「世界盃夢」的象徵，它就是為一九五〇年世界盃而興建的「足球聖殿」——馬拉簡拿球場。自一九四八年動工的二十二個月內，球場由一萬名工人參與興建，動用首批巴西生產的五十萬包混凝土和一萬噸鐵樑等，是全國矚目的巨型建築項目。這座雙層的白色混凝土球場，在里約中央拔地而起，一躍成為世界上最大的球場。這座巨型的橢圓形球場足以容納二十萬人，為當時里約的十分之一人口。巴西各界紛紛為之驚艷，報章輿論直指成功建造全世界最大最完美的球場，足見巴西人堪當大任。Mario Filho 表示球場為巴西注入靈魂，預視巴西為即將甦醒的沉睡巨人。

巴西普遍落入一片樂觀，等待坐上親手打造的王座登基的時刻，迎接國家更美好的未來。當時國家隊的表現，也的確值得期待。他們決賽前的成績，是4勝1和入21球失4球，包括以幾近狂風掃落葉之勢，在次圈7：1和6：1分別大勝瑞典和西班牙。根據當屆賽制，巴西只需於決賽戰和對手烏拉圭，即可首奪世界盃。據說，當時逾二十萬人湧進馬拉簡拿球場，佔里約成年人口逾兩成。他們都對巴西以東道主的身分加冕深信不疑，只待球證鳴笛後慶祝。里約市長甚至於開賽之前，已早早在公共廣播中宣告勝利宣言。當上半場一球領先的巴西隊，反勝為敗之時，全場鴉雀無聲，沒有人相信自己的眼睛，沒有人想像過如此的結局，是為「馬拉簡拿之痛」。

「馬拉簡拿之痛」成為巴西一道難以癒合的傷痕，全國哀鴻遍野，有人暴動，也有人自殺，而整個國家也從鼓吹多元、朝氣勃勃和胸有成竹的氣氛，重新陷入種族矛盾和自我懷疑之中。不少人將「馬拉簡拿之痛」與戰爭挫敗相題並論，Nelson Rodrigues[5]形容其影響力堪比廣島的原子彈。而他所提出的「流浪狗情意結」（complexo de vira-lata）也並非空穴來風，其意指巴西人在與其他國家比較時，打從心底潛藏著猶如自比流浪狗的自卑感。

如是者，六十多年過去，巴西已進一步蛻變成金磚四國之一，被受看好的新興經濟體系，更是無出其右的五屆世界盃冠軍。隨著民主體制漸趨成熟，國家又在盧拉政府下持續向好，當年破碎的「世界盃夢」是否終於可以重溫？在巴西政府和足協的大力爭取下，終於獲得二〇一四世界盃的主辦權，並為此重建馬拉簡拿球場。

參觀足球聖殿

我來到新生的馬拉簡拿球場，聆聽她這些年來的故事。這個歷史悠久的球場，近年也幾經翻新，而作為世界盃決賽場地，它換成如今更為現代化的模樣，但座位已大減至七萬多個。曾經見證比利的一千個入球、經歷宿敵大戰甚至球迷打鬥、陪伴巴西人渡過不同高低起伏，今天的馬拉簡拿球場卻彷似有點陌生。

昔日的兩層結構被拆除，曾經抬頭望向天際的看台，今天也被玻璃纖維天幕所籠罩。我坐在藍白黃相間的看台座椅上，想像眼前空洞的球場上演激烈的賽事，卻悄然若有所失。更衣室內掛著不同年代的名宿的球會戰衣，包括薛高的法林明高、李華度（Rivaldo）的彭美拉斯、白必圖（Bebeto）的華斯高和朗拿甸奴（Ronaldinho）的明尼路（Atlético Mineiro）等。我在興奮之餘，卻又難免想起他們當中，又有誰曾在這個新生的馬拉簡拿球場比賽？

馬拉簡拿球場最重要和著名的設計，是座位式看台和綠茵場之間，獨有的環狀站立式看台。這個被稱為Geral看台，象徵草根階層和全民參與機會的看台，現今已頓成歷史。沒有Geral看台的馬拉簡拿，雖然是座舒適新穎的球場，但欠缺一種「與別不同」，也彷彿失卻其靈魂的一部分。自此，低下階層被價格排除在比賽之外，馬拉簡拿的初衷——「足球屬於大眾」的原意，也隨之被埋沒。

5 Nelson Rodrigues：巴西劇作家、小說家、記者。

誰的「世界盃夢」？

球場的翻新工程，曾經掀起強拆學校和迫遷原住民的爭議。這種粉飾太平、犧牲弱勢的形象工程，絕非罕見。早於一九二二年，里約政府為舉辦獨立百周年國際博覽會，不僅大興土木，更鏟平貧民窟、迫遷窮人，將城市改造成美化後的假象。巴西政府於二〇〇七年主辦的泛美運動會（Pan American Games），也向國民示範如何在盛事中超出預算、貪污舞弊、言而無信和漠視人權。

時至今日，政府對待貧窮的措施，仍然是掩耳盜鈴。他們在來往機場的公路旁興建高牆，以阻擋旅客看見附近的貧民區。無家者被警方暴力驅趕，貧民被放逐到城市邊陲，總之在遊客視線以外，百姓就只有自生自滅。無數人因為短短數周的「盛事」，被強迫離開家園，安置方案非人性化，貪腐的官員甚至將賠償侵吞。

耳熟能詳的故事再度重覆，各類項目嚴重超支，巴西社會彷彿只能任人魚肉，這種感受連遠方的島民也能明白。巴西政府最終為世界盃投入一百一十七億美元，單是興建和翻新球場便花費三十五億美元，比過往三屆世界盃的總和更多。在幾近奴役式的趕工過程中，接連發生工人身亡的工業意外。可是，不少政客或公眾人物如比利卻出言不遜，令人對世界盃工程更為齒冷。更有甚者，政客與工程承辦商的關係千絲萬縷、十二個主辦城市牽涉的政治分贓等，都不禁令人深感世界盃於大眾無益，只養肥巴西足壇和政界、國際足協和跨國贊助商。

「這是為了誰的世界盃？」（Copa Para Quem?）憤怒的巴西群眾怒吼。二〇一三年六月，聖保羅發起反對巴士加價的抗議活動，軍警的武力鎮壓不但沒有平息，還將群眾的怒火進一步點燃，抗議活動迅速蔓延至其他城市和社會議題。巴西社會對公帑運用、貪污腐敗、警察濫權和世界盃的不公義等已經忍無可忍，引發有史以來最大的抗爭，牽涉一百二十個城市，數十萬人上街。示威群眾強烈反對世界盃的不公義，有人直指「一個老師比一個尼馬更有價值」，也有人指責比利「靠世界盃的廣告賺錢，全國人民卻因而捱窮。」

更多的聲音，是要求妥善運用公共開支，以有限的資源用於醫療、教育和福利等民生所需。巴西政府最初的回應，卻是默許軍警濫用暴力，一下子催淚彈遍布各大小城市。軍警甚至假扮示威者，挑起事端，以製造武力升級的口實。政治問題還需政治解決，總統羅塞芙（Dilma Rousseff）面對不斷的示威，終於發表接納意見的演說，並作出一定的行動回應。

凡此種種，並非誇大的新聞報導，可在我跟兩位巴西朋友 Cesar 和 Renan 的對談中得到證實。他們告訴我二〇一三年的洲際國家盃時，全國出現大型示威，就是因為民生的慘況。「醫療設備短缺、學校不足、治安差劣、貪污嚴重、公共交通長期不濟、貧富懸殊……在民眾三餐不繼、朝不保夕的時候，卻斥鉅資興建球場，究竟甚麼才是重要？就以瑪瑙斯為例，這裡根本沒有大球會，四場賽事過後，球場便只成為『大白象』和負累。」

Cesar 和 Renan 都是醫生，已有計劃前往海地，為無國界醫生服務。這既是因為希望服務有需要的人，也是因為在巴西處境的無奈。Renan 表示：「作為醫生，我在巴西總是感到很無力。眼見醫院病床不足，只能叫求診病人另覓醫院，但卻深明到處的情況都是大同小異，究竟他們可以往哪找？我為他們診斷後所開的藥單，其中不少藥物政府都無法提供，即使部分病人能夠負擔，但有些藥物根本完全無從入手。

「這種情況，不止發生在瑪瑙斯，在里約和聖保羅等大城市亦然。政府雖有政策引入上萬的古巴醫生，卻從沒有制度確保其質素或資歷，也漠視語言障礙和質素參差，而且壓根兒沒有處理設備和藥物等核心問題。這一切都關乎人命啊！看見病人受傷病折磨，卻無法提供合適的治療，我們也束手無策。每一分秒都有國民在病困捱餓，那邊廂政府卻在大力舉辦世界盃，對民生視若無睹。」他說到眼有淚光。

「去年，全國上下全有人都反對世界盃。可是巴西人就是這樣，群眾在世界盃期間都盲了，心裡只有『足球！足球！』二〇一四年是總統選舉年，但我們只有爛橙之間的選擇，世界盃不過是政客的政治籌碼。」Renan 感概地說：「如果巴西贏得世界盃，相信國家的命運更慘！」這正好回應某些盲目的「愛國主義者」，國民想巴西贏世界盃，還是輸？才是真正的愛國？

新生的馬拉簡拿球場再次未能為主隊加冕，東道主甚至未能於決賽亮相。國家隊四強以1：7慘敗德國腳下，震驚全世界。極欲驅走陰霾的巴西，卻意外地再添傷疤。

同年的選舉中，總統羅塞芙僅能以3.2％之微的優勢連任。由於無法解決因經濟困境引爆的社會深層次問題，她的民望每況愈下。至於極右分子騎劫社會不滿，於二〇一六年藉機彈劾羅塞芙，則已是後話。及至二〇二一年，巴西深受武漢肺炎打擊，右翼總統博爾索納羅（Jair Bolsonaro，台譯波索納洛）不僅言論冷血、抗疫不力，更堅持接手舉辦美洲國家盃，並因而面臨巨大下台壓力。可見，不論政治光譜孰左或右，領導人對民生的重視至關重要。

或者，極端而言，那些「大禮帽」和政客大鱷們才是清醒的一群。足球，不止是「美麗的遊戲」（Joga bonito）、不止是體育運動，反倒更接近一門生意、權力和手段。大型體育賽事被定義為「盛事」、「派對」和「慶典」，但其本質已淪為單純商業與政治操作。

原來我們所謂的「世界盃夢」，並非當地人的夢，甚至不過是被市場化的、犧牲最弱勢的一抹泡影。

現場參與世界盃，仍是不少球迷的夢想。

亞瑪遜球場耗資2.7億美元興建，只為主辦四場世界盃賽事，其重要性備受質疑。

拉蘭熱拉斯球場是巴西最具歷史的球場之一，是巴西足球發展初期的重要場地。

馬拉簡拿球場可說是最負盛名的足球聖殿，但現代化工程似乎也改造了它的靈魂。

老牌勁旅法林明高的球會博物館外，是名宿薛高的雕像。

主辦世界盃的氣氛雖然熾熱，但普羅大眾卻難以受惠。

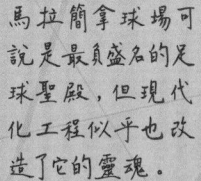

三、如何從足球看巴西社會的轉變？

作為旅人，我總追求真實性。旅行不止景點「打卡」，而是透過在地經歷與當地人互動，了解生活和文化，甚至從中得到啟發領悟，為生命帶來影響。我之所以沉醉「足球旅行」，遠不止體育競技層面，而是它與社會的緊密聯繫。透過足球作為切入點，就如尋寶，不斷發掘，其樂無窮。

以這個角度而言，我在巴西世界盃的最佳經歷，並非在主場館的現場賽事。由於高價門票往往將當地平民排除在外，世界盃場館彷如一個割裂於社會的「異度空間」。在名為 Fan Fest 的露天會場，現場歌舞表演、濃厚的派對氣氛加上大螢幕直播球賽，讓我跟當地人一起為國家隊盡情歡呼，這些經歷反倒令我更窩心。

瑪瑙斯 Fan Fest

我在瑪瑙斯與眾同樂的會場，位於市中心的地標建築——亞瑪遜劇院（Teatro Amazonas）附近。由於官方贊助商的壟斷，本地小販只能在球場以外的範圍盡量經營，希望多少受惠於世界盃帶來的遊客群。我在會場附近逛逛，為增加氣氛，也特意買了一件巴西球衣，還在不懂葡萄牙文的情況下，亂點一份三文治。

當我回到會場時，人數已經多得有點水泄不通了。在黃色人海中穿插，迎來更多的熱情，當地人往往以為我是日本或韓國人，在那兒起勁的說一番擬似日語。東亞人的臉孔在這個城市並不常見，也因而受到了不少熱情的反應。

賽事開始前，舞台上已有不少民俗表演。輕快的音樂，讓人感受巴西的歡樂感。許多人自然地聞歌起舞，無人在意別人的目光或拍攝，全情投入在晃動身軀。舞者之間，或精湛，或平庸，或笨拙，都散發著享受與忘我，又或會與彼此眼神交流，彷似要帶動更多的人享受生活。

球賽正式開始，現場氣氛更為熱鬧。整個廣場都站滿黃色戰衣，似乎大部分都是本地人。因為好些遊客旅人如我，都穿了主隊球衣，令我無法全然分辨。大螢幕中的球賽直播，牽動著在場每個人的情緒與呼吸。每個主隊的攻勢，都足以讓大伙兒起伏和呼叫。巴西隊開場不久後，便已取得領先，全場自然瘋狂躍動，刺耳的鳴笛此起彼落，甚至在不遠處傳來連續的煙砲響聲。我也跟身旁的球迷逐一歡呼擊掌。儘管一度被喀麥隆追和，但巴西還是得到4：1的壓倒性勝利。

我在巴西的首個星期，感覺巴西人普遍都很熱情友善。球賽的前後，大家都興致勃勃地合照。在我身旁的家庭，雖然跟我言語不通，但親切的笑容讓人溫暖。不僅如此，身邊人還一直主動地請我喝啤酒，每當我喝光（或甚未喝完）之際，他們都隨即將另一罐冰凍的啤酒奉上，這「啤酒自由斟」真是盛情難卻。

在我離開會場之前，一位小女孩既害羞又熱情地抱我，讓我瞬間融化掉。她就如沙發主 Eder 家中的小孩一樣，純真而熱情，在感到安全和好奇的情況下，他們會很直接地抱我。相信這也不止是小孩的特性，也是一種文化和社會氛圍吧。當我與兩天前見過的兩位女生重遇時，她們的臉上都充滿喜悅和真摯。盡情參與、盡情跳舞、盡情吃喝、盡情擁抱，這種熱情投入，是我喜歡的巴西。足球，或者人與人之間，理應如此吧？

不能全民參與的足球

與本地人一起，為國家隊的表現同喜同悲。無論戰果如何，齊上齊落的畫面也是絕美的。然而，後來我才知道，原來這一切都並非必然，也得來不易。巴西足球的原初並非全民參與的運動，就正如她的社會實況。

當足球最初傳入巴西之際，是一種具排他性的運動。足球被視為上流社會的玩意，不少球會背景都來自富人階級。在里約熱內盧，除了富明尼斯和法林明高有明顯上流社會背景外，保地花高的球員也主要來自兩家貴族學校。當時聖保羅的兩家球會 Clube Atlético Paulistano 和 Associação Atlética das Palmeiras，貝洛奧里藏特市的明尼路和阿美尼加（América），也有相近的權貴背景，後者更是只接納達官貴人。

除了富人球會之外，也有不少球隊只面向特定族群。聖保羅的彭美拉斯，便是當地日益壯大的意大利社區的反映。在阿雷格里港（Porto Alegre），由德國裔巴西人成立的甘美奧（Grêmio）在成立初期就只接納德裔人士。

巴西足球曾經壁壘分明，無論是階級、族群或膚色，都足以成為排斥的「理由」。低下階層和有色人種固然可以在街頭踢球，但往往被排除於正規比賽之中。

因為代表隊於一九一六年在阿根廷參與南美足球錦標賽時，曾遭受種族歧視言論的攻擊，翌年的巴西隊竟選擇以全白人陣容出戰。一九二一年，時任總統甚至下令國家隊不得徵召黑人球員出戰，以免「有損國體」。

巴西於一九一九年首度主辦南美足球錦標賽，德非混血射手 Arthur Friedenreich 在當屆賽事光芒四射，成為當時絕無僅有的特例。然而，即使身為巴西足球史上首位混血球星，於種族歧視嚴重的年代，他仍然遭受許多的困難，例如不被允許與白人共用設施、難以融入白人主導的隊友圈子，更因膚色而被拒參加一九三〇年世界盃等。據說，為了讓外型看上去更像白人，他會刻意將黑人血統帶給他的天生曲髮刻意「拉直」。

另一個類近的著名例子，當數富明尼斯黑人球員 Carlos Alberto，他每每於出賽前，在臉上塗上白色的米粉，因而被人揶揄為「白米粉」（Pó de arroz）。雖然有說當時米粉被廣泛作美容之用，但是更多人相信跟種族歧視問題不無關係。

無論如何，有色人種和低下階層，於巴西足球發展初期受到不公平的對待，是不爭的事實。

打破種族和階級差異的足球

隨著社會的變遷，特別是高度城市化和移民潮，銳增的勞動人口和中產階級，開始發展成不可忽視的新勢力，並悄然改變過往由富人階級掌控一切的局面。

隨著足球運動越來越受歡迎，階級勢力的微妙變化也從中呈現。足球再不僅只是身穿高級運動裝備的富家子弟的娛樂，更是各社會階層的生活中的一部分。對足球圈子的絕對掌控權，也慢慢地從富人的手心流走。

足球的廣受歡迎，象徵著收益、人氣和榮譽，也同時象徵競爭性的提升。部分球會為吸納高質素的球員，開始為他們提供酬勞或饋贈。這種行為被當時的一些球圈人士視作有違道德，他們認為球會讓球員可以享受足球和作賽，球員理應感恩，不應該反倒要求金錢回報。與此同時，富人階級仍然渴望把持業餘足球的小圈子，他們不恥與低下階層和有色人種作賽，甚至因而將之驅逐或自組聯賽。

於二〇至三〇年代，面對職業化的浪潮和打破種族隔閡的衝擊，不同球會的態度迴異。我造訪的兩家球會——華斯高和聖保羅，也分別步上各自道路、寫下新的篇章。

打破種族主義的先驅

即使在當時足球圈的打壓下，黑人或貧民得不到公平的待遇，但「有麝自然香」，當具備卓越天分和悅目風格的球員相繼出現，階級或膚色等藉口再也無法將他們困住。沒有清晰的紀錄顯示哪家球會開創重用黑人球員的先河，而球壇也不乏如 São Cristóvão 等由工人階級成立的球會，但都未能撼動主流的歧視氣氛，真正打破困局的，讓巴西足球走進新的歷史階段的球會，當數華斯高！

我來到華斯高所在的聖贊拿利奧球場，這個別具歷史意義的地方，發生過一場影響深遠的風暴。巴士帶我來到與球會同名的 Vasco da Gama 社區，相比之下，這裡明顯跟 Laranjeiras 和 Gávea 兩區的貴族氣色很不一樣。

我下車的位置，接近球場的正門，並隨即被這新巴洛克風格的建築所吸引。球場建築的外觀以杏色為主，配以大型白色石雕窗框，上有山牆裝飾、下有波浪狀底托，還有別緻的小露台。華麗精緻的建築風格，令人忘卻置身球場，反倒像是走進文化藝術場地。正門的圓拱下，只有一道矮身的黑色鐵閘，並沒有拒人於千里之意。甫一走進大門，便見一幅典型的藍白 Azulejo 瓷磚畫，畫有航海家乘風破浪和冒險探索的英姿，它在歡迎我之餘，也突出球會跟葡萄牙之間的連繫。

華斯高由里約北部的葡萄牙裔中產階級，於一八九八年創立，因正值葡萄牙航海探險家華斯高達伽瑪（Vasco da Gama，台譯瓦斯科・達伽馬）啟航四百周年，便選擇以之作球會的命名，以表致敬和其歷史聯繫。跟不少同市球會一樣，其成立之初，本以划艇運動為起點。華斯高自一九一五年成立足球部，初期仍在低組別聯賽打滾，但因為用人唯才的政策，不經不覺於一九二三年已躋身頂級聯賽，甚至於首年即勇奪冠軍。當時里約的幾家傳統球會無不為此震驚，他們對華斯高重用黑人球員，且暗地為球員支薪的行為大為不滿。

為抵制這支「由黑人、混血兒、貧民和文盲組成，粗鄙和缺乏文化修養」的球隊，以富明尼斯、阿美利加和保地花高為首的幾家球會決定另起爐灶，於翌年成立另一個名為 AMEA（Associação Metropolitana de Esportes Atléticos）的聯賽，並以「球員資格限制」和「正規球場」為由，將華斯高排除在外。自此，由一九二四至一九三四年間，里約足球壇便分裂為 AMEA 和原有的 LMDT（Liga Metropolitana de Desportos Terrestres）兩個聯賽，前者主要由富裕白人在正規球場競逐，後者則由有色人種和貧民在粗糙公地作賽，儼如另類的種族和階級隔離。

然而，失卻華斯高的 AMEA 聯賽，也同時失去對觀眾的吸引力和叫座力。因此，AMEA 聯賽只好於翌年邀請華斯高加入，但條件卻是實施一系列針對球員的措施。AMEA 賽會要求每位球員於出賽前須在監察下，親自填寫卡片，內容包括球員個人資料如姓名、出生地和工作地址等，此舉無疑為了趕絕大部分為文盲的窮人和黑人球員。此外，賽會亦調查球員的經濟和就業狀況，以杜絕球員受薪的「歪風」。面對賽會的「張良計」，華斯高的「過牆梯」則是安排球員接受基本教育，讓他們至少能夠親自填表，並為受薪球員安排有名無實的空銜，以蒙混過關。

為了鞏固球會的地位和長遠發展，並回應「正規球場」的要求，當時的葡萄牙族群以華斯高的名氣，發起了一場聲勢浩大的籌款，並以短短的十個月便完成工程，建成當時南美洲最大、最現代化的球場，充分反映葡萄牙族群的財富和組織力。

整座聖贊拿利奧球場的設計，都在喚醒對殖民時代的回憶，也象徵巴西與歐洲的歷史連結。我從建築物步出，眼前一片豁然開朗，跟建築外觀的精緻相映成趣。聖贊拿利奧球場由葡裔建築師 Ricardo Severo 設計，它最為聞名的特點，便是馬蹄鐵狀的「U字型」看台。看台上的座位排列出代表球會的黑底白間，中央則一個巨大的紅色「馬耳他十字架」。另一處特色，便是將主客兩隊的後備席廂設在沒有看台的底線球門後方。相比大部分將後備席設在橫邊的球場，領隊需要從另一角度觀戰和指揮，也算是一件趣事。

在歷史上，宏大的球場從來不止是體育運動的場所，也是意識形態的醞釀和傳播之地，政治人物往往藉球場宣揚其政治意識形態。自聖贊拿利奧球場於一九二七年啟用之後，里約的足球重心，標誌性地從上流社會的富明尼斯的拉蘭熱拉斯球場，轉移到中產的華斯高的聖贊拿利奧球場，也象徵社會階級勢力的演變。

瓦加斯於一九三〇年發動政變後，他將巴西由第一共和、臨時政府帶到進入被稱為「新國家」（Estado Novo）的獨裁政權時代，而聖贊拿利奧球場則成為見證歷史的舞台。比起象徵精英主義的拉蘭熱拉斯球場，具備勞動階層和多元種族基礎的華斯高，明顯更適合高舉國族認同感和民粹主義的瓦加斯。他頻繁地利用聖贊拿利奧球場進行其政治宣傳，如在球場慶祝獨立日和勞動節、發表政治宣言和宣布推行勞動法等。

在國族認同感的旗幟下，種族和階級差異被「多元文化國家」的新主流論述所取代。巴西曾經由白人至上主義的少數精英所主導，持續進行階級種族的杯葛和歧視，這種固步自封，最終都會被淘汰。

從階級主義到地方代表

華斯高雖然並非唯一重用黑人和貧民的隊伍，卻是首家與他們一起奪得地區聯賽冠軍的球會。由被杯葛到重返 AMEA 聯賽，華斯高以實力改變足球生態，到一九三三年實現職業化時，大部分里約球隊都有黑人球員在陣。另一邊廂，二〇至三〇年代的聖保羅，則是個相連而不相同的故事。

聖保羅州作為全國最富有的州份，多年來以咖啡生產和貿易領導巴西經濟。由於對勞動力的需求極大，聖保羅州為移民者提供旅費和住宿補助，加上大量的工作機會，遂吸引來自世界各地的移民，包括意大利、日本、西班牙、黎巴嫩和敘利亞等。當時，約七成來巴西的意大利移民和近九成的日本移民都聚居聖保羅州，形成人口結構中重要的部分。接收最多移民人口的聖保羅州，也因而成為巴西最多元化的州份。這些外來移民雖於初期大都甚為艱苦，但部分人於站穩陣腳後，逐漸擠身中產之列，代表各個族群的球會亦紛紛成立。[1]

從踏入二十世紀開始，最富有的聖保羅州和人口最多的米納斯吉拉斯州（Minas Gerais），組成聯合勢力，在州長政策下，以兩州輪流推舉總統人選的方式，三十年間壟斷巴西聯邦政府的政治大權，是為著名的「咖啡加牛奶」（**café com leite**）時期。[2] 聯邦政府受聖保羅政治寡頭左右，在政策上長期向咖啡業傾側，為穩定國

1 除了著名的彭美拉斯外，也有如 Syrio（黎巴嫩和敘利亞族群球會，現名為 Esporte Clube Sírio）、Portuguesa（葡萄牙族群球會）和 Hespanha（西班牙族群球會，現名為 Jabaquara Atlético Clube）等。

際咖啡價耗費不少公共開支。無可否認，聖保羅咖啡業巨頭極具政治和經濟影響力，屬於國家級層面的特權階級。

球會聖保羅的前身之一的保利斯塔競技（Club Athlético Paulistano）[3]，正是由這特權階級和政經精英於一九〇〇年所創立，包括成為球會首任主席的時任聖保羅州內政部長 Bento Pereira Bueno 以及顯赫家族的 Prado 兄弟，即參議員和時任聖保羅市長 Antônio da Silva Prado 和保利斯塔共和黨的創始人之一的 Martinho da Silva Prado Júnior。兩人經營的咖啡園規模龐大，種植達千萬棵咖啡樹，一度為全球最大咖啡生產商。

我來到聖保羅的莫倫比球場（Estadio Morumbi），這裡自一九六〇年建成以後，終於成為球會奔波多年之後得以落地生根的家。球場的正門高掛三面旗幟，分別是巴西國旗、聖保羅州旗和球會會旗。這個曾經能容納十二萬人的球場，屬巴西最大的私有球場，當年球會為此耗盡不少人力物力。球場設計呈橢圓形，建有三層看台，唯比賽場地外圍建有田徑跑道，因而跟看台相距一定的距離。然而，參觀的重點並非莫倫比球場，而是了解球會的歷史。

球場內的榮譽展示廳和迴廊，紀錄球會不同階段的歷史。當然，好些「政治不正確」的過去總會被輕輕帶過，或甚從來不會在官方層面作表述。尤其於保利斯塔競技的時期，這家來自上流精英的前身球會，早已恥與低下階層球隊為伍。後來球會指責同業為球員支薪，對此「有違道德」的行為嗤之以鼻，並於一九二四年另組聯賽，堅持業餘足球精神，但於五年之後，即敗興而歸。

即使球會頑固地拒絕職業化和普及化，但始終擋不住時代的洪流，最終創辦人決定退出比賽、解散足球部。球會內部對此意見分歧，並決定跟另一家當地的精英主義球會 **Associação Athlética das Palmeiras** 進行合併，於一九三〇年初成立新生球

2 咖啡加牛奶：因聖保羅州為咖啡業主導，米納斯吉拉斯州則以生產牛奶聞名。

3 聖保羅人被稱為 Paulistano（男性）或 Paulistanas（女性），普遍取其音譯作保利斯塔。而里約人則被稱為 Carioca。

會——聖保羅。

隨著時代轉變，過往僅僅代表社會特定階級的球會，也漸漸改變。球會成立的首十年間，在不穩定的情況下，經歷多次搬家和合併。合併過程中，不其然將階級背景淡化，也繼承各前身球會的意志，將之匯聚成以自家城市為名的球會，於極權下的瓦加斯時期，更成為地方主義和本土意識的載體。

瓦加斯於一九三〇年發動政變，從同樣來自聖保羅州的時任總統和候任總統手上奪權，成立臨時政府，自任臨時總統。他解散國民議會，掌握全部立法和行政權，撤換州長，並削弱各州的自治權。一九三二年，因青年示威被殺，引發聖保羅州對他的激烈抗爭。聖保羅州要求非法奪權的瓦加斯下台，並重新制定憲法。

這場歷時不足三個月，雙方傷亡人數達數千人的戰事，被視為巴西迄今為止最後一場內戰，史稱「制憲革命」（Constitutionalist Revolution）。當時聖保羅州參與抗爭者眾，上萬人投身戰線，還包括「第一位混血球星」聖保羅球員 Arthur

Friedenreich。

寡不敵眾下，制憲革命以聖保羅軍投降告終。雖然未能即時成功推翻獨裁者，但被視為推動了一九三四年憲法的產生，當中更成功確立女性投票權。制憲革命也成為聖保羅公民運動的模楷，為該州以後的公民參與和民主運動撒下種子。聖保羅作為文化多元和經濟繁榮的金融城市，堅持對來自首都的極權說不。

專權者打壓言論自由、實行政治迫害，甚至施以濫捕酷刑，於逆境亂流之下，群眾只能堅守，球會聖保羅則成為凝聚的載體。當州旗被取締時，至少他們可以藉支持球隊，揮舞著與聖保羅州旗相同顏色的旗幟，大聲高呼聖保羅自己的名字。這就是這家球會如何由保守的貴族球會，蛻變成被稱為「最親愛的」（O Mais Querido）本土代表的故事。

性別不平等的足球

黑人和貧民參賽的大門被慢慢撬開，但女性踢球的窗戶卻遭強行關上。巴西為傳統天主教國家，家庭觀念較強，亦為典型父權和家長式社會，男尊女卑和性別角色定型存在已久。

足球作為需要身體接觸和具備激烈競爭性的運動，於早年被視為不適合女性參與。於瓦加斯年代，國家體育局甚至於一九四一年至一九七九年期間列明禁止，女性踢球一度被視作違法行為。當整個社會都對足球為之瘋狂雀躍，街頭上每處都是踢球者的身影，「足球王國」卻竟然因性別為由，剝奪女性踢球的權利。而這荒謬的法律，也將萌芽中的巴西女足幼苗連根拔起。

禁令廢除後，巴西女性懷著滿腔熱情，積極參與足球，女子足球隊一度如雨後春筍般成立。然而，女子足球卻長期未得到合理的支持。政府限制女足使用標準球場作賽，令不少球隊只能選擇在沙灘踢球。無論是球會或足協，都不願為她們投放資源，甚至連最基本的裝束、場地和設施都欠奉。曾效力山度士女子足球隊的美國球員 **Caitlin Fisher** 在接受訪問時透露，球會只願為她們提供男子隊的舊球衣，而設施諸如食堂、洗衣房和訓練場地等，以至隊巴服務等，皆對女子隊拒之門外。儘管如此，球會還是因為要以高薪留住球星尼馬，於二〇一二年解散女子足球隊。

巴西以「足球王國」自居，幾乎全國的男女老幼無不熱衷，制度上卻仍是一面倒向男性傾側。當男子足球員透過經理人，輕易地就薪酬向球會討價還價時，不少頂級的女子足球員，卻仍只是得到最低工資水平的收入，甚至不時連正式的合約保障也欠奉。作為足球強國之一，巴西長期沒有全國性女足聯賽，以至女足發展緩慢，最好的球員也只能在國外效力。這不僅是資源分配的問題，而是對同為足球員的女性，欠缺最基本的尊重。

相比商業掛帥的足球壇或政府的冷漠，女子足球的最大障礙，可能是來自社會大眾。巴西社會的普遍觀念上，仍受刻板守舊的性別定型影響，認為女性必須個性柔弱和持家有道，甚至被視為男性的附庸，只以做好妻子和母親的角色為上。女性參與足球運動，會被視為粗魯和帶有女同性戀傾向，每每因家人反對甚至家庭暴力而放棄。

她們熬得過家人反對，也難免要面對公眾不友善的目光。大眾往往集中對女子足球員評頭品足，多於欣賞其球技和能力。即使正規的足球選拔場合，也可能傳媒渲染下，變得選美化和娛樂化，而電視台也一直樂此不疲。

女性參與足球要跨越的難關重重，無論是待遇薪酬、社會地位或發揮機會，都與男足差天共地。即使被譽為史上最偉大女足球員、六屆世界足球小姐的瑪達（Marta Vieira da Silva），在巴西所得到的重視，也與其在球壇的殿堂級地位不符。從比利稱她為「穿裙子的比利」的「讚美」中，除了可見他總是反過來稱讚自己之外，也反映社會的男性主導風氣。

即使早於一九三四年憲法中，已確立女性的投票權；儘管羅塞芙於二〇一〇年以盧拉繼承人之勢，當選史上首位女總統，但是巴西社會實際上仍然存在性別不平等。無論是政治、教育、經濟或社會風氣上，女性仍然處於弱勢。調查顯示，即使擁有碩士或博士學位等高等學歷的女性比男性多出約15%，但卻只佔教授教席不足兩成。女性在國會的議席長期不足10%，在職場上出任中高級管理層的女性也遠比男性為低。如加上種族因素作統計，黑人女性所能賺取的收入，更是平均只有白人男性三分一。不僅如此，女性還需面對嚴重的性騷擾問題，ActionAid International於二〇一八年的調查顯示，64%受訪女性有被性騷擾的經驗。

即使情況較一百年前有所改善，種族和性別差異在巴西社會從來沒有消失過。雖然三〇年代足球職業化後，黑人球員已爭取到一席之地，但「馬拉簡拿之痛」後，他們卻成為代罪羔羊，明目張膽的種族歧視又再捲土重來，直到「黃金時代」的輝煌過後，始告舒緩。可是，時至今天，看台上仍不乏對種族或女性作出侮辱的言論或舉動。種族血緣仍是社會的忌諱，連明顯為混血人種的朗拿度也以白人自居，但求遠離種族歧視的泥沼。

社會上，國會仍長期由白人男性所把持，有色人種或女性的議員、內閣成員、州長或高官仍屬少數。反之，低下階層人口中，大約七成半為有色或混血人種，他們大部分只能在貧民窟出生及終老。

性別多元

無論是為數眾多的混血人種，抑或人口半數的女性，尚且面對如此不平等的處境，何況社會的更小眾弱勢？我與一位巴西朋友的相遇，讓我更明白性別相關的議題，從來都並非二元分立。

因為瑪瑙斯沙發主 Cesar 的介紹，我在聖保羅的日子，得以寄住在他兄長 Luis 的家。在抵達之前，我和 Luis 僅是以訊息聯絡，簡單地交待交通安排等。沒想到我跟 Luis 的初相遇，是如此的深刻有趣。

我到達 Luis 家樓下後，便按門鈴示意。不久，我聽到響亮的高跟鞋聲，從樓上傳下來，當素未謀面的他開門之際，在我眼前出現的，卻是一位濃妝豔抹，身穿長裙和高跟鞋的「兄長」，實在是我始料不及。

我努力掩飾我的驚訝，並以平常心和好奇心去認識這位新朋友。Luis 煞有介事地在為數天後的變裝皇后比賽作準備，在疲於奔命之際，也絲毫沒有怠慢冷落過我們。幾天的相處以後，他的善良和藹、細心體貼和風趣幽默更是展露無遺。在青年旅館工作的他，不僅擅於提供旅遊相關的意見，也懂得尊重別人的私人空間。有時候，我們會於晚上促膝談心，從個人經歷、社會公義、世界大同到人生哲理，無所不談。

在性別多元的光譜裡，Luis 的自我身分認同為「非二元化性別」（Non-binary）或性別流動者，現時伴侶選擇為同性。面對陌生人如我，他都是以一種平常不過的態度，展現自己，毫不掩飾。他會在我們面前真情流露，他如何看重變裝皇后的比賽，也會落落大方地與男友甜蜜共處。他活出我心目中張國榮的名曲《我》——從艱難中學會「誰都是造物者的光榮」，無論是甚麼顏色的煙火，都可以「對世界說甚麼是光明和磊落」，立於天地間，高呼「I am what I am 我永遠都愛這樣的我」。

後來，Luis 和 Ceasr 的母親從巴西南部來到聖保羅短住數天。對於 Luis 的取向和行為，他的母親一臉無奈之餘，卻又會為兒子選擇的服飾提供意見。也許跳出傳統狹隘的二元分立性別定義，走進廣闊光譜的世界，對於不少人而言，都不易明白。然而，我在他們母親的眼內、無微不至的照顧之中，仍看見慈母的愛。或許，無論對自己和別人而言，接納的路是漫長和崎嶇的，但聆聽和明白內心的感受，總會有到達之日。

在 Luis 的大力推薦下，我出席了聞名的「聖保羅 LGBTQ 驕傲大巡遊」，他也會以變裝皇后的身分和形式參與其中。[4] 雖然巡遊有正式路線的起點和終點，但 Luis 表示這些細節並不重要，因為根本不可能會錯過，只要走到保利斯塔大道（Avenida Paulista，又譯聖保羅人大道），便能自由參與。我於下午二時許抵達後，親身證明他的說法，群眾在大道中或附近隨心所欲，或駐足聊天，或緩慢前行，或載歌載舞。

盛裝打扮的人不在少數，群眾都踴躍合照。有人身穿古羅馬士兵的裝束，毫不吝嗇地展示一身肌肉。在緩慢前行的群眾中，一位無論衣著、雨傘以至整張臉都呈黑黃相間的「蜜蜂人」，始終撐傘不動，格外突出。我不清楚他這身打扮是否帶有特殊的訊息，或許只是興之所致，但當後來當他與另一位鮮艷無比、頭戴誇張「果籃」般裝飾的「熱帶水果人」相遇並擁抱合照時，我又彷彿看見兩位獨特的人，都在等待懂得欣賞和接納自己的對方出現。

這些刻意打扮的群眾中，不少也想表達明顯的訊息。一位頭裹彩虹旗的男子，表情平靜，眼神溫柔而堅定。另一位頭戴皇冠、赤裸上身的男生，身後揹著如鳳凰

4 自一九九七年起，聖保羅市於每年六月舉辦「LGBTQ 驕傲大巡遊」（Parada do Orgulho LGBTQ），被視為全球最大型的同類巡遊。巡遊目的為爭取性小眾平權和關注發聲，多年來在聖保羅州政府的支持下舉辦參與人數屢破紀錄，二〇一三年主辦方表示有五百萬人參與，可說是聖保羅市每年的盛事之一。

展翅的裝飾。無數人與他逐一與他合照時，他俊俏的臉孔上，散發出淡淡的喜悅和自信。一對似是情侶的女生，分別以天使與魔鬼的形象示人，引起對性小眾待遇和評價的反思。一隊頭頂浮誇裝飾、身穿巴西國旗色短裙、腳踏鬆高鞋，同時滿臉鬚根的「麻甩佬」，挑戰大眾的性別定型。

偶爾一輛大型的巡遊車經過，聯同在車上的隊伍，為群眾帶來更多的音樂、舞蹈與激情。群眾中，有人主動熱情相擁，甚至與初見面的陌生人激烈擁吻，但也有低調地牽手的參與的同性情侶，或是正教育子女的一家大小。無人刻意分辨誰是同性戀、哪個是跨性別人士，也不會強調性別認同或性取向，在這裡的每個人都值得擁有空間，都應該受到尊重。

性小眾長期在被壓抑生活，在許多的場合下，都無可避免地需要掩飾自我，成為社會中隱形的一群。LGBTQ 驕傲大巡遊，讓性小眾得以短暫但具象徵性地佔領公共空間，也讓支持者們看見他們的真實存在，並為他們發聲。即使巡遊中的少部分擁吻畫面，可能讓人不太習慣，但這種長期壓抑下難得的解放和雀躍，卻又不難理解。

總有些人在談論性取向時，只會想到性行為，還大放厥詞地聲稱「我並非歧視，但這些人的私密行為是自己的事，不應該公開討論或爭取」，然後公然剝削性小眾生而為人的種種權利。右翼政客博爾索納羅多番發表恐同言論，立場強硬，尤其他當選巴西總統後，更為巴西的性小眾權益蒙上陰影。

大巡遊氣氛輕鬆熾熱，既有人「扮鬼扮馬」，也不乏勁歌熱舞，猶如一場全城的超大型派對，甚至吸引國內外遊客慕名參與。然而，快樂抗爭並非一場表演，無忘初衷，它的本質仍是表達平權訴求的社會運動。整場巡遊中，我最深刻的，是一位男子，高舉紙牌，寫有「我生而如此」（I was born this way）以及四項不同的性小眾類別。平權運動，正是讓他們走上街頭，光明正大地大聲高呼：「我們生而如此，真實地存在，同樣是有血有肉的人！」

性小眾與足球

儘管每年都有百萬人參與LGBT驕傲大遊行，卻不代表巴西是性小眾的天堂。反之在保守勢力打壓和恐同的社會風氣下，性小眾仍然處於弱勢，飽受歧視和壓迫。

巴西的恐同氣氛，從球壇中「禁忌的24號球衣」充分反映。24號之所以成為禁忌，跟流行至今逾百年的非法彩票「動物遊戲」（Jogo do bicho）有直接關係。在該彩票中，1—25的數字分別以25種動物作代表，而24號的代表是鹿（Veado），跟當地的恐同用語Viado相近。因動物遊戲在巴西的普及性，故24號普遍被視作同性戀的同義詞。禁忌的24號球衣成為巴西球壇特有的歧視現象，為避免隊友嘲弄和大眾羞辱，球員紛紛避之則吉，聯賽中各球會長年懸空24號球衣。只有參加國際級賽事，不得不順序登記球衣號碼時，不少球會才將之安排予幾乎不會上陣的三號門將。

Luis說過，他對足球一點興趣也沒有。這是完全可以理解的。巴西足球中，對陽剛氣息和男子氣慨期望的單一性，不僅局限女性的參與，也讓男同性戀者苦苦掙扎。無論是球隊內或看台上，都充滿恐同氣氛，隊友同儕間的壓力和恐同言論，看台上的公然侮辱甚至出手襲擊，無不令人卻步生厭。

巴西的主流球壇上尚未有出櫃的同性戀球員，是因為芸芸球圈近九萬人，都只有順性別者和異性戀者嗎？即使單純從統計學上考慮，恐怕都難以相信。到底是因為身處足球壇的不利環境，令球員難以在巨大壓力下出櫃，還是同性戀球員根本難以在球壇生存？我相信兩者皆是。

調查和許多訪問皆顯示，對同性戀不友善的環境，令大部分運動員拒絕向隊友坦誠個人的性傾向，只能隱藏自己，甚至毅然離開。聖保羅球員列查理臣（Richarlyson），自二〇〇七年被彭美拉斯高層於電視節目貼上同性戀的標籤後，多年來備受各方球迷公開侮辱。他向後者提出法律訴訟，主審法官卻在判詞中提出「足球是男性的運動，並非同性戀的運動」和「同性戀應該離開球場」等一系列嚴重恐同傾向的說話，令人咋舌。

巴西於二〇一三年確立同性婚姻合法化、二〇一五年允許同性伴侶領養孩子，更於二〇一九年法院裁定對性傾向和性別認同的歧視皆屬違法，無疑在法律上對性小眾的保障愈加進步。然而，社會的恐同甚至仇恨的聲音並未因而一夜消失。在出戰二〇二一年美洲國家盃的陣容中，巴西隊仍是故意地跳過24號球衣，引起法官的質詢和國際討論。

對於性小眾而言，巴西仍是最危險的國家之一。每年有數百人因為針對LGBT族群的暴力而被謀殺，數字為全球之冠。

每個人的足球

二〇一八年當選的總統博爾索納羅曾表示以其恐同身份為傲，可說是貫徹其貶低女性、歧視有色人種和唾棄窮人等一系列的醜惡主張。

無可否認，足球存在黑暗面，甚至將社會中對階級、種族、性別和性小眾的歧視放大。然而，所謂「憑一口氣，點一盞燈。有燈就有人。」在黎明來到之前，總有一直還在黑夜中堅持的人。Caitlin Fisher 和一群女足球員和學者等，於二〇一二年成立「女戰士計劃」（Guerreiras Project），以自身經驗為引子，透過活動、展覽、表演和工作坊等，進行社區教育，以撼動傳統性別定型概念，推動和爭取性別平等。作為性小眾爭取權益的方式，也同時讓參與者能夠安全地享受足球，巴西各地的男同性戀球隊團結一致，並於二〇一七年舉行首屆男同性戀者足球聯賽（Champions LiGay）。

該賽事不僅讓球員一展所長，重獲被主流剝奪的尊重和享受足球的機會，還讓他們的故事被聽見。難怪其發展順利，規模更由首年的八隊參與，增加到兩年後的二十四隊。而世界上首支跨性別人士足球隊 Meninos Bons de Bola 也於二〇一六年成立，期望透過足球增加交流減少歧視，也爭取權益和關注。

說到底，足球並不重要，重要的是自由。自由、平等、人權、民主，都是源於對每個個體的關懷和尊重。盼望有天，每個人都能夠純粹地享受足球。

帶動社會進步的足球——從哥連泰斯到巴伊亞

爭取平等、自由和人權，需要健全的政治制度。縱觀古今東西，由一小撮人把持權力，欠缺制約的人治制度，明顯與普世價值背道而馳。所謂「政治」的本質，理應是一種道德的實踐，是希望透過制度來建立穩定且具正當性的秩序。因而，「政治」並非只是少數權力精英的專利；反之，是每個自由理性個體的共同參與和建立而成。如能像周保松老師所說般，「堅持站在道德的觀點去理解和要求政治」，並「在生活中充分實踐這項權利」，則無論身處哪個範疇或專業，都可以在各自崗位上盡其所能，貫徹價值觀，共同帶動社會進步，建立更美好的社會。[5] 不論是教育、醫療、法律、社會福利、藝術文化、傳媒或商界，以至足球亦然。

自一九六四年軍人發動政變後，巴西長期陷入軍政府獨裁，人身自由被剝削，無數異見分子被迫害、囚禁和施以酷刑。經歷大時代的轉變，極具人氣和影響力的比利，只求獨善其身，對暴政選擇視而不見，未發一言。在巴西足球史上，仍然不乏願意為公義發聲的人，最著名的當數蘇古迪斯，而他所領導的「哥連泰斯民主」（**Democracia Corinthiana**），也是我心目中足球最美的呈現。

在莫倫比球場之後，我的聖保羅足球巡禮中最後一站，便是哥連泰斯球場（**Area Corinthians**）。一群鐵路和油漆工人，受來自英國的同名業餘球隊啟發，於一九一〇年創立屬於他們的巴西的哥連泰斯。這家號稱國內兩大最受歡迎的球會，從成立開始便代表勞動階層，難怪是工人出身的前左翼總統盧拉的愛隊。

5 周保松：香港學者，香港中文大學政治與行政學系副教授，現為國立政治大學客座副教授。著有《政治的道德：從自由主義的觀點看》、《在乎》等。

集高大身材、純熟技巧和足球智商於一身的蘇古迪斯，為鼎鼎大名的一代球星。八〇年代，他與薛高、伊達（Éder Aleixo）、法卡奧（Falcão）和祖利亞（Léo Júnior）等組成的巴西國家隊，被視為史上最佳陣容之一，仍被球迷津津樂道。儘管職業生涯廣受認同，但蘇古迪斯自稱「我並非職業足球員」，聽似矛盾，實則不然，反倒甚具哲學意味。蘇古迪斯被尊稱為「Doutor Sócrates」，既因他於職業生涯時兼讀醫科，並於退役後懸壺濟世，也因為他學識淵博。

這位足壇奇葩於一九七八年加盟哥連泰斯，旋即為球會奪得七九年聖保羅州冠軍，並於八二和八三年實現球會闊別三十年的二連冠。然而，蘇古迪斯和哥連泰斯的結合，帶來更重要的勝利和意義，在於球場之外。當球會主席 Waldemar Pires 起用社會學家 Adílson Monteiro Alves 擔任足球總監後，球會氣氛也漸起變化。Adílson 不僅為蘇古迪斯等球員作政治啟蒙，更推動球會上下，進行一場參與式民主的社會實驗。

當時的巴西足壇，充斥由上而下、專權壓搾的家長式管理，球員普遍沒有話語權，跟其時獨裁政權的姿態同出一轍。生活方式崇尚自由的蘇古迪斯，認為球會無權對球員過分規管，他和陣中球員如 **Wladimir** 和 **Walter Casagrande Jr.** 等，連同時任開明的管理層，為哥連泰斯帶來嶄新的面貌。

七〇年代中至八〇年代初，軍政府醞釀緩慢的民主化過程，在「還政於民」的呼聲下，社會對建立民主制度討論更趨熾熱。為使民主精神在討論之外，還得到實踐的機會，球會的大小決定，都開放予職球員們參與討論和共同決策。由小至膳食時間、隊巴中途停站地點，到引入球員的策略、出場陣容，以至球員權益、內部言論自由和取締賽前合宿制度等，都經全體討論和投票後決定。

民主並非單純的「一人一票」，否則便容易淪為「以多欺少」的局面，而是透過討論和參與，讓少數和弱勢的聲音仍能被聽見和尊重。若人欠缺知識與智慧，只會淪為「蛇齋餅糭」或「掌心雷」式的扯線木偶。蘇古迪斯自小在父親的薰陶下博覽群書，更見證政變後自由人權的惡化，深明此道的他鼓勵隊友於艱難的時候更要讀書，球會內部甚至成立讀書會，進行討論和研習。

「哥連泰斯民主」不僅限於球會內部改革，其最大意義是發揮對社會的影響力。在經歷威權已久的巴西，竟出現一家著名球會，容許球員、訓練員以至清潔工等不同持份者，擁有發言權和參與決策的機會，打破當權者掌控話語權的必然性，為社會提供正面示範。蘇古迪斯本人更成為關心社會的模範，他在世界盃舞台上，掛上呼喊公義的頭巾，加上一臉大鬍子的外型，跟其三位偶像之一——哲．古華拉頗有相近。

民心向背明顯，軍人政權搖搖欲墜。一九八三年巴西發起 Diretas Já 運動，要求直接選舉總統，恢復民主制度，「哥連泰斯民主」在當中發揮積極推動作用。球員曾於決議後，穿著印有「Dia 15 Vote」字樣的球衣作賽，呼籲群眾踴躍投票。「哥連泰斯民主」的成員積極參與社會運動，其中蘇古迪斯於一九八四年，在一百五十萬遊行群眾面前發表政治演說，賭上個人赴歐前途，呼籲群眾支持修訂憲法的直選方案，更是一時佳話。

巴西於八〇年代末得以光復，但「哥連泰斯民主」卻從來沒有被制度化，並因核心人物相繼離開，而隨之終結。我站在眼前這座為二〇一四年世界盃而建、在爭議聲之下取代原定的莫倫比球場的新球場，不由得帶點迷茫。外牆上展示變遷的會徽、場館內紀錄累積的錦標、展覽中炫耀閃耀的球星，有關「哥連泰斯民主」的資料，卻遍尋不獲。近年的管理層，也在媒體面前刻意淡化這段歷史。當時的哥連泰斯，似乎已不留一點痕跡，彷彿從來沒有發生過。

然而，官方的宣言無法扭曲民間的記憶。即使單一團體被取締或被改變，值得堅守的價值仍然能傳承下去。來自薩爾瓦多市的球會巴伊亞（Esporte Clube Bahia），被視為近年最民主和最積極社會參與的巴西球會。

雖然曾於一九五九年和一九八八年奪得全國錦標，成為東北部唯一打破宿命的球會，但巴伊亞長期稱不上實力分子。低迷的地區經濟和腐敗的球會管理，是球會積弱的原因之一，甚至一度在低組別聯賽浮沉。雖然足球水平不穩定，但無阻當地人對球會熱情，巴伊亞為全國平均最多現場球迷的球會之一。

改變的關鍵在「Democracia Tricolor 運動」，這場源起於九〇年代的球會民主化改革運動，成功終結兩大家族對球會「家天下」式的壟斷，並於二〇一三年成功更改會章，加強民主化和確立直選主席的制度。自此，球會高層不僅大大提高管理的透明度，加強球迷的球會參與，為推動巴伊亞州（Bahia）尊崇多元文化的傳統，更成立巴西足壇唯一的球會平權部門。

巴伊亞平權部門由球會員工、學者、社運領袖和非牟利組織成員組成，近年積極回應社會議題，包括讓球員穿上印有黑點的球衣，呼籲關注海上油污引發的環保議題。在關注弱勢權益方面，球會曾為女性、性小眾、原住民和有色人種發聲，包括與警方合作提高對女球迷在看台上的保障、以彩虹旗作為角球旗、鼓勵成立性小眾球迷會 **LGBTricolor**、表揚有色人種的社會貢獻和強調原住民的憲法權益等。

也許每個時代，都有人以「中立」自居、以「不懂政治」，作為其噤聲的藉口，掩飾其冷漠的本質。在大是大非前，不僅視而不見，甚至連思考的應有之義都拒絕，其實就是助紂為虐，逃避公民責任，也拖垮整個社會的文明程度。每個時代，各個崗位，都需要人堅持信念，活出價值觀。極權的年代，更需要良知。

眼前空洞的球場中央，浮現歷史掀動人心的一幕。哥連泰斯球員身穿印有民主字樣的球衣、高舉拳頭、拉起橫幅——「無論輸贏，總有民主」（Ganhar ou perder, mas sempre com democracia）！

B R A Z I L

華斯高的聖贊拿利奧
球場，曾是打破種族
主義的先驅之地。

我和當地巴西人一起在
Fan Fest 盡情享受。

我在聖保羅 LGBTQ 驕
傲大遊行中，跟其
他參與者合照。

球場內外已無甚「哥連泰斯民主」的紀錄，但這段歷史仍在所有人的心中。

座落莫倫比球場的聖保羅球會，一度成為地方主義的旗幟。

不少參與者都盛裝打份，大遊行的氣氛猶如大型派對，但訊息和訴求仍然清晰。

CAPURRO

CHAPTER 2

南美小巨人：烏拉圭

為甚麼首屆世界盃的主辦國，會是小國烏拉圭？

烏拉圭於二〇一〇年南非世界盃勇奪殿軍，科蘭（Diego Forlan）更成為當屆金球獎得主。一時之間，香港傳媒紛紛報導，這個人口只有三百四十萬的小國，如何在國際足壇上屢創佳績。後來冰島於二〇一六年歐洲國家盃長驅直進，也掀起另一番熱議。也許作為彈丸之地，香港對於「小國」的生存乃至崛起之道，確實有特別的共鳴。

或者許多人不太清楚，說烏拉圭是「小國」，實在有點失禮。雖然她面積屬南美第二細小，人口甚至不及香港的一半，但其實烏拉圭深具足球歷史底蘊，更是最早的世界足球霸主！

到底這個位於巴西和阿根廷身旁的小國，如何穩佔南美足球三強一席？又如何成為南美諸國中，經濟和政治較穩健的一員？

烏拉圭國家打比

我清晨從阿根廷布宜諾斯艾利斯（Buenos Aires）出發，半睡半醒之間，便完成出入境手續。沿著拉布拉他河（Rio De La Plata），到烏拉圭首都蒙特維的亞（Montevideo，台譯蒙特維多），船程只需一個多小時，過程簡單方便，甚至讓人感覺不像過境。

看著飄揚的阿根廷國旗和烏拉圭國旗，不難發現有相近之處。近似的藍白相間，同樣是五月太陽（Sol de Mayo），國旗揭示烏阿兩國本是同宗同源的兄弟關係。然而，歷史的巨輪使拉布拉他河兩岸走向不同的命運。

抵達蒙特維的亞的日子，是特別安排的。早於出發前，我已為一事費煞思量。說的是「烏拉圭國家打比（Superclásico）」——世上其中一個最重要的足球打比戰。我在 BsAs 多番嘗試，仍然購票無門，便決定於開賽當天早上抵達，希望最後能碰碰運氣。皇天不負有心人，住宿處竟然有「本地睇波團」，雖然價格不菲，但猶豫過後，還是認同 Peter 黃一句「有今生無來世」，不容錯過。[1] 我希望以這極具代表性的場面，作為感受和認識烏拉圭的序章。

大部分球迷對「超級打比（Superclásico）」一詞並不會陌生，西班牙國家打比（巴塞隆拿 vs 皇家馬德里）、阿根廷國家打比（小保加 vs 河床），都是相同的用詞。烏拉圭的國家打比，就是國內兩大班霸——彭拿路（Peñarol）和國民隊（Nacional）。兩隊在烏拉圭足球史的壟斷局面，以球迷的說法，是名副其實的「烏超」，直至二〇二一年，他們合共奪得一百一十八次聯賽冠軍之中的其中九十九次。

我於比賽開始前，先往住處附近午膳。無論是商場內或街道上，舉目所及，大部分的人都身穿球衣，不是黃黑，就是白藍。所有人旗幟鮮明，大戰氣氛濃厚，彷彿今天整個蒙特維的亞，甚至全國，注意力都只在足球！

帶領「睇波團」的領隊想當然也是一位球迷，他以熟練的英語，向我們簡介烏拉圭的足球歷史、兩大班霸以至足球的重要性。他表示每一位男孩於學懂走路之後，收到父母所贈的第一份禮物，就是足球！雖然無法證實，但可見足球在烏拉圭人心目中是何其重要。

我們隨著人潮魚貫湧進世紀球場（Estadio Centenario），我已經興奮莫名。領

1 Peter 黃：黃興桂，著名足球旁述員，曾為香港足球教練。其旁述形式風趣幽默又經常臨場發揮，誕生了不少金句，最為有名使人摸不著頭腦的是「波係圓既，係用來踢既」（波是圓的，是用來踢的）。

隊特別提到這個球場是寫下足球歷史重要一頁的聖地，並叮囑我們有時間的話，必須到訪足球博物館。我很想一再追問，他風趣地表示：「現在要先看比賽，足球會告訴你所有的答案。」是的，我不應錯過感受大戰氣氛的每一秒，而且，現場也太吵了。

本場比賽是彭拿路主場，我也在場外增添了打氣道具，好讓我極速融入主隊球迷之中。多年的「全球巡迴」證實，論對足球的熱情，我未嘗敗績。早於開賽前擠滿觀眾席的彭拿路球迷已經高歌不斷，情緒高漲。黃黑色的旗幟在人海中隨節奏有序地舞動，不知從何而來的巨大充氣球，在看台上由球迷的手左右傳遞，似要把熾熱和興奮傳到球場上的每個角落。作客的國民隊球迷也不甘示弱，他們令作客看台填滿紅白藍三色，跟正對面的主場看台分庭抗禮。我的心情隨著現場氣氛越感實在，心想：「我能夠親歷『超級打比』這種極具代表性的場面，真的很幸運！」

雖然知道兩大百年老店的悠久歷史，但我自問沒有緊貼其近況和陣容，事前實在需要做足功課。正如南美各大聯賽一樣，烏拉圭聯賽在足球全球化的趨勢之中，也是「孕育新星＋回流老將」的組合。對於明日之星，實在毫不認識，但能一睹昔日球星「El Chino」列高巴（Álvaro Recoba）以及曾效力祖雲達斯（Juventus）的鋒將薩拉耶達（Marcelo Zalayeta），也甚為驚喜。

球證示意下，比賽應聲開始，兩隊球迷更為雀躍。比賽初段彭拿路已爭取到兩腳射門，但自國民隊站穩陣腳後，攻勢明顯較具威脅。相比之下，薩拉耶達在前線有獨力難支的感覺。雖然上半場兩無紀錄，但雙方節奏明快，射門機會也不少。

一如所料，現場的球迷幾乎全場也站著高歌打氣，似乎毫不疲倦。我常笑說，球迷可能比球員更需要中場休息。下半場後，戰況一度膠著。Iván Alonso 妙射入球，國民隊球迷隨即歡喜若狂，更開始點燃紅色的煙火助興。雖然比分落後，但彭拿路球迷豈會在死敵前示弱，在主看台的球迷燃點黃色煙火回敬，甚至有球迷試圖向外投擲煙火。我心想無怪乎那邊的看台距離特別遠，有圍欄之餘，甚至有條「小護城河」。

比賽的不少時間，我的注意力都集中在列高巴身上，不僅因為他名氣最大，也因為早於國際米蘭（Inter Milan）的時代，他已是我甚為欣賞的球員。我留意他在場上的（不甚）跑動，每次自由球或角球的處理。雖然身穿黑黃球衣的我，理應是支持主隊的，不過，也期待屢入罰球的他能施展絕技，甚至現場見證他再一次角球彎入。其後，彭拿路球員 Hernán Novick 美妙罰球直射破網，替主隊追成 1：1，反觀列高巴整場比賽都只是表現平平。

最終兩隊握手言和，球迷也終於可以放下手上的打氣棒和旗幟。很高興在我抵達烏拉圭的首天，便能親身感受足球在本國的重要性，「烏拉圭打比」的氣氛直至很久之後，仍在我的心裡迴盪。

身分認同：瑪黛茶、烤肉、足球

大戰過後，我放鬆心情在市內行逛。蒙特維的亞散發出與其他拉美大城市截然不同的氣氛，這種悠閒和安全感，可說是拉丁美洲中罕見的。

在陽光明媚的日子裡，蒙特維的亞格外宜人。我沿著七月十八日大道（**Avenida 18 de Julio**），從市中心往舊城區走去。現代化高樓大廈與殖民地風格融合，提供無盡予人驚喜的小發現。我沿途愜意漫步，偶爾進入小教堂內參觀、細味建築物的外觀，也遠望路中央的和平之柱（**Columna de la Paz**）。雖然個人不太欣賞，但很難沒注意到讓情侶許願的同心鎖噴泉（**Fuente de los Candados**）。走著走著，便到達了獨立廣場（**Plaza Independencia**）。在廣場的中央，安放著國父阿蒂加斯（**José Artigas**）的紀念雕像和其大理石製的陵寢。這位不朽的民族英雄，即使一八五〇年客死巴拉圭，至少死後被送返家鄉，並自一九七七年起被安放在此，見證著他奮力爭取獨立的國家，走向民主自由、繁榮穩定。

穿過城堡之門（**Puerta de la Ciudadela**），我來到熱鬧的薩蘭迪步行街（**Peatonal Sarandi**）。兩旁建築的陽台教我目不暇給，店舖明顯有更多旅遊業商品，街上也有不少的攤販。攤販售賣手工製的飾物，也有本國盛產的寶石，而街頭畫家展示的漫畫人像，似是理所當然地以「咬人蘇」作招徠。[2]

瑪黛茶（Maté）

走在蒙特維的亞街頭，最常見的，除了足球，就是瑪黛茶（Maté）。瑪黛茶並非烏拉圭人的專利，在阿根廷、巴拉圭和巴西南部也非常普遍。瑪黛茶是一種名為巴拉圭冬青的植物，源起自巴拉那森林（Paraná）。在原住民的古老傳說中，它是神仙贈予的禮物，可讓人健康和長壽，被視為「仙草」。這種帶有神秘色彩的傳說中的植物，令人聯想起安第斯山脈的古柯葉（Coca）。

瑪黛茶雖然被譯成「茶」，但跟茶截然不同。有別於後者，瑪黛茶的主要成分，除了葉，有時也包括梗。它是一種經過乾燥、切碎、熟成和磨碎等過程後的碎末狀成品，也跟一般形狀較完好的茶葉全然不同。至於飲用的工具，則是葫蘆製成的瑪黛茶壺，另外加上一枝金屬飲管（Bombilla）。這種源自原住民智慧的傳統器皿，也成為了飲用瑪黛茶的最大特色，甚至發展成一門手工藝和藝術。

儘管瑪黛茶在南錐體（Cono Sur）各國廣泛流行，但亦有其地域色彩。[3] 例如其中一種名為 **Tereré**，就是以冰水冷泡的方式處理，幾乎只在巴拉圭流行。此外，除了相對普遍的加糖，也有人會加煉奶、檸檬、果汁或蜂蜜等。雖然飲用的喜好十分個人化，但比起味道較淡的有梗瑪黛茶，或混有其他口味的新興產品，烏拉圭人普遍喜歡喝濃苦的無梗原味瑪黛茶。這對於許多旅人來說，初時可能難以習慣，但比起加入甜味，我還是較偏好帶點苦澀的原味。

2 蘇亞雷斯（Luis Suárez）：烏拉圭近代傳奇前鋒，曾效力阿積士、利物浦、巴塞隆拿等球會，實力與話題性兼備。曾至少三度於比賽中口咬對手而聞名，被港人戲稱為「咬人蘇」。

3 南錐體（Cono Sur）：指南美洲位於南回歸線以南的地區，一般包括阿根廷、智利和烏拉圭三個國家。

我首次喝瑪黛茶的經驗，是在玻利維亞的薩邁帕塔（Samaipata）。在那略帶嬉皮氣氛的營地，來自世界各地的旅人夜裡相聚在一起聊天。有人沖泡瑪黛茶，傳給身邊的友人，一位喝完了，添些熱水後再傳給另一位。同一個瑪黛茶壺、插著同一枝飲管，隨著不同的話題，在圈子裡巡迴，於理想、哲學、歷史和公義等話題之中加添了一點點苦澀。瑪黛茶的精髓，是分享。它融入生活之中，連繫著家庭、朋友、手足和同路人。

雖然瑪黛茶被視為阿根廷四寶之一，又號稱其「國飲」，然而，在我眼中，烏拉圭人對瑪黛茶的喜好（或依賴？）是最誇張的！在街上，我看到不少人長期手執瑪黛茶壺，同時腋下挾著熱水壺，邊走邊喝。有趣的是，無論還攜帶多少的物件，訓練有素的他們仍然毫不狼狽，以單手處理其他一切事情，甚至還能兼顧照顧孩子。好像在告訴我：「世上沒有事情可以阻止我飲瑪黛茶的。」我注意到部分本地人，甚至會有專屬的袋子，同時安放瑪黛茶壺和熱水壺，方便他們全天候無間斷地飲用。看著途人的瑪黛茶壺和熱水壺，壺的款色和花紋、臉上的愜意、神乎其技的動作，成為了烏拉圭街頭獨有的一道人文風景。

聽說，這裡的瑪黛茶壺和分享方式也自成一格。相比對岸的阿根廷，烏拉圭所用的壺口和壺身較大，與分享的方式有直接關係。正如之前所述，飲用瑪黛茶是一種社交活動，大家輪流共用同一個壺和同一枝飲管，建立手足情誼或家庭溫暖。可是，烏拉圭人雖然也會一起飲瑪黛茶，談天說地，但他們會各自使用自己的套裝。注重衛生的朋友似乎找到了知音？也不盡然。套用我沙發主的說法是「因為烏拉圭人太愛喝瑪黛茶了，他們等不及瑪黛茶壺完成一圈後才回到自己的手中。」這種說法無法稽考，但壺身較小的確適合輪流每人喝小口，如不需要共享，使用容量較大的壺盡情飲用也似乎很合理。至於壺口大小，則便於他們一次放入較多的瑪黛茶碎末，跟烏拉圭人普遍喜歡喝較濃味有關。

從此之後，我在電視或網絡偶爾看到蘇亞雷斯夾著熱水壺喝瑪黛茶的畫面時，都總會會心微笑。「不知他有否跟美斯共享呢？」[4]

4 蘇亞雷斯與美斯在巴塞隆拿期間結為摯友，私下經常相約聚會，也會一起進行家庭活動。

烤肉（Asado）

我邊看本地人的獨有「人文風景」，邊走到港口市場（Mercado del Puerto）。遇上了瑪黛茶之外，烏拉圭的另一代表——烤肉（Asado）。

市場一向是我旅行必到的地方，是了解當地人生活的寶庫。在市場走半圈，看盛產的蔬果、主食、乾糧、飲料、肉和魚的處理等，引發更多的好奇心之餘，也更容易融入當地。港口市場最吸引的，必然是這裡的烤肉店。

旅人被香氣吸引，瞬即為之被俘虜。眼前每一家烤肉店彷似在爭奇鬥艷，在傾斜的大烤架上，放滿了各式多元化的食物，色彩豐富得猶如陳列品。懸掛的香腸、成雙的血腸、蛇餅形的鮮肉腸、躺臥的全雞、壯觀的羊腿、躲在錫紙裡的蔬菜、陪襯的紅椒，當然還有招搖的牛小排，形態不一，且色香味俱佳，令人垂涎三尺，視線和心思都已離不開。

認真的燒烤師（Asador）一時忙於控制火候，一時調整烤架的斜度，一時又整理各種燒烤食物的位置，每處都一絲不苟。我看著他將原條木材添加到炭火中，再將燒紅了的木炭，平均地放在烤架之下。這個體積甚大的金屬烤架亦內有乾坤，有一條鐵鍊可供燒烤師按需要調整斜度。喜愛煮食的我，看著燒烤師熟練地處理大量不同肉食和部位，深知當中需要多少的經驗和知識，確是行行出狀元。當師傅自信地向我推介時，我當然沒有錯過。

烤肉的地位在烏拉圭是廣受認可的。跟香港的燒味絕活不同，烏拉圭的烤肉並不局限在職業級，甚至可說是「全民皆烤」。關於烏拉圭的烤肉文化，我的沙發主給了我一個最佳的「工作坊」，在我住宿的第二個晚上，他提出了天台烤肉派對！

我陪伴沙發主從購買食材開始，親身經歷這關乎身分認同的活動。購物的過程，除了幾乎徹底地聽不懂以外，便是驚嘆肉類款式和數量之多。「肉食專區」不只是食肆獨有的風景，烏拉圭的人均牛肉消耗量在世上名列前茅。我看著沙發主臉帶笑容地，慢慢在烤爐燃點柴火。他說：「烤肉，是一種文化、社交生活和身分認同。」

烤肉是讓家庭、親友聚在一起的場合，在天台、庭園或郊外，大伙兒細說近況、喝著瑪黛茶，偶爾往烤爐整理烤肉，邊吃邊聊，就這樣就過了滿足的一天。烤肉文化，在拉布拉他河兩岸，都是重要的生活部分。即使是友儕間，個人烤肉的能耐也是常見的話題或嘲弄的題材。這令我想起蘇亞雷斯嘲笑美斯因為信心不足，從來未試過負責烤肉給他吃。

沙發主在烤架上放上彩椒、牛小排（Asado de Tira）、血腸（Morcilla）、辣肉腸（Chorizo）、內臟、牛肉、牛肉和牛肉。沒錯！我真的不懂得分辨了。他也開始從柴火、食物的處理等，說到烏拉圭烤肉與他國的差異。

他表示烏拉圭烤肉堅持以木頭為燃料，最理想的選材是白堅木，也會使用松木和桉木。他們相信用這些木材燒的木炭烤肉，才能保持獨有的香氣和風味。在處理烤肉的同時，還要持續在旁邊的火爐燒木，以維持火紅的木炭穩定地供應。

烏拉圭位於彭巴（Pampas）草原，素以優質的牧牛業著稱，其放養草飼的形式，使出產的牛肉備受好評，長居世界頂尖之列。在南美諸國中，以烏拉圭及阿根廷出產的牛肉鶴立雞群，因此在食物的處理方面，兩者亦較為接近。烏拉圭人主張保留肉本身的風味，不會像巴西烤肉（Churrasco）般以太多鹽或濃汁醃製。相比前者的大塊肉慢燒，後者多以串燒直接放在爐上烤，烤的時間較短。沙發主說：「烏拉圭人的烤肉方式是與別不同的。」誠然，其烤肉的質素輕易地打敗了鄰國巴西，那麼阿根廷呢？兩者長年爭論誰才是烤肉之王，難分軒輊，最終竟鬥到比拚哪邊的Chimichuri烤肉醬更好吃，令人發笑。然而，邊享用三分熟的嫩滑牛肉、陣陣撲鼻香氣，又彷彿明白他們引以為傲的自我認同感。

飯後，我再往河岸行走，眺望那二百公里外，西岸的阿根廷。彼時的東岸區（Banda Oriental），今天的名字是烏拉圭東岸共和國（República Oriental del Uruguay）。數百年前，於西班牙統治下，拉布拉他河兩岸曾同為一體。在反殖民戰爭初期，兩岸本來同屬獨立後的建國版圖之內。然後經歷葡萄牙入侵、兩岸分歧、東岸被納入巴西等艱苦的歷程，東岸終於在一八二五年宣告獨立，也自此跟曾經無限接近的對岸各走各路。

經歷數百年殖民歷史摧殘，不同程度的種族融和。「身分認同」，無可避免是拉丁美洲各國的重要課題。建構地方身分認同的，不止是血統和語言，也包括文化、生活細節、共同經歷和價值認同。瑪黛茶和烤肉，顯示出烏拉圭人千方百計從生活習慣中，尋找自身的特色。時代巨輪將兩岸分道揚鑣之後，足球作為整個國家的共同經歷，對於身分認同更是至關重要。

國家與足球的共同歷史

「其他國家自有其歷史，而烏拉圭則有足球。」一九六六年國家隊領隊 Ondino Viera 一語中的。烏拉圭的國家興衰與足球歷史融為一體。

我在非比賽日，再訪世紀球場，並參觀球場內的足球博物館（Museo del Futbol）。博物館的門口略為簡樸，甚至帶點寒酸，但卻無阻其參觀價值和歷史意義。博物館的起點是一個寬敞的展覽室。在房間中央的一幅畫，畫滿多年來的烏拉圭球員，就如同本館將百多年歷史濃縮在這兩層的展館內一樣。

●起步初期

從進入展館開始，我便踏進烏拉圭足球的開端。牆上掛著裱框的數面旗幟，隨年月褪色，分別代表烏拉圭足球聯賽最初的四名成員，也標誌著英國勢力鼎盛的年代。

十九世紀末，英國人在南美洲擁有龐大的影響力，他們在拉布拉他河兩岸掌握金融銀行、興建鐵路，從事各類貿易等，亦有相當數量的人口聚居。足球隨現代足球的始祖漸漸傳入南美洲。來自英國的體育老師 William Leslie Poole，在蒙特維的亞的英文高中大力推動足球發展。

一八九一年，他的學生們，包括 Henry Lichtenberger，成立烏拉圭首個正式的足球會——艾比安（Albion Football Club）。他們採用了英倫三島於古希臘時期的地理名稱 Albion 作為致敬，也突顯他們與英國的連繫。同年九月，英國的中央烏拉圭鐵路公司（Central Uruguay Railway Company）的員工成立中央烏拉圭鐵路板球會（Central Uruguay Railway Cricket Club，CURCC），後來於一九一三年轉型為彭拿路。

雖說英國人將足球帶進烏拉圭，但初期卻是以小圈子的形式出現。一八九五年，Henry Lichtenberger 提出修改會例，容許非英國裔加入球隊。一八九九年，國民隊成立，成為拉丁美洲第一隊克里奧爾人（Criollos）球隊。[5] 這隊說西班牙語、由本地人成立的球隊，帶著民族主義色彩，高舉本土旗幟，對抗英國霸權。是以，彭拿路的主色是鐵路常見的黃黑色，而國民隊則採用阿蒂加斯軍旗的紅白藍三色。一九〇〇年，烏拉圭足總成立，推行正式的足球聯賽。

翌年，William Leslie Poole 當選足總主席，國民隊亦獲准加入聯賽。一直提倡足球無分種族的 Poole 促成美事，後來被視為烏拉圭足球之父。烏拉圭足球從盤古初開的時代，以高速邁向黃金歲月。

●走向國際

足球在拉布拉他河兩岸迅速發展，成為當時群聚生活的重要部分，並漸漸走向更大的舞台。得益於兩岸的頻繁交流和便利，早在足球發展初段，兩岸間的球隊已不時約戰。一九〇一年，阿根廷代表隊作客烏拉圭的賽事，被視為足球歷史上第二場的國際賽。[6] 其後，正式盃賽如 Copa Newton 和 Copa Lipton 等紛紛在兩岸舉行。

一九一〇年，阿根廷足總為紀念五月革命（Revolución de Mayo）一百周年而舉辦的 Copa Centenario Revolución de Mayo，除兩岸代表隊以外亦邀請智利參賽，進一步促進國際賽事的構思。在烏拉圭國會議員兼足總主席 Héctor Gómez 致力推動下，南美足協（Confederación Sudamericana de Fútbol，CONMEBOL）於一九一六年成立，成為世界首個代表整個洲的足球組織。同年舉辦正式的南美足球錦標賽

5 克里奧爾人（Criollos）：指出生在殖民地的歐洲裔後代。

6 一八七二年十一月三十日，由球會 Queen's Park Football Club 組成的蘇格蘭代表隊，在格拉斯哥與英格蘭代表隊進行對壘，賽事吸引近四千名觀眾，被認可為足球史上首場國際賽。

（Campeonato Sud Americano de Football），並由烏拉圭奪冠。

此時的烏拉圭，相比足球起步的時期，亦有所變化。一〇年代，國內政局邁向穩定，紅白兩黨放下干戈建立協商政治文化。在總統 Batlle y Ordóñez 改革下，制度更趨民主、福利措施更全面、社會矛盾減少。第一次世界大戰前後，英國在拉丁美洲的影響力減少，大英帝國的身影漸行漸遠，但足球則落地生根、開枝散葉。高速都市化和人口增長，促使足球如魔法般席捲人心，從精英階層的消遣化為全民投入的活動，發展出拉丁美洲自身的社會現象及足球風格。

烏拉圭自局勢穩定後，經濟穩步上揚，於二〇年代更達至國力的高峰。烏拉圭憑羊毛、牛肉和皮革等產業優勢，擠身全球最富有國家之列。自一九一六年至二三年的首七屆南美足球錦標賽，烏拉圭四度奪冠，足以證明其實力在南美的前列。烏國足球需要更大的舞台進一步證明自己。

雖然首屆奧運會於一八九六年在雅典舉行，但到一九〇八年，足球才被納入正式項目。一九二四年巴黎奧運，首次有歐洲以外的國家參賽，分別為烏拉圭、美國和埃及。這是拉美球隊首次在歐洲作賽，烏拉圭以狂風掃落葉的姿態強勢奪冠，5戰全勝得20球失2球。烏拉圭作家愛德華多・加萊亞諾在《足球往事：那些陽光與陰影下的美麗和憂傷》中，以「再次發現美洲」形容當時歐洲人的震撼。烏拉圭不僅展現強勁的實力，其足球風格的華麗悅目和靈活多變，顛覆了歐洲人對足球的認知，重新認識其可能性。

自從讓歐洲人大開眼界後，拉美的球隊陸續獲邀在歐洲巡迴作賽，反之亦然，兩大洲的足球交流於往後幾年間大為增加。一九二八年，阿姆斯特丹奧運，烏拉圭擊敗阿根廷再度掄元。眼見足球在奧運中廣受歡迎，國際足協加快步伐，打造一個供全球國家隊對決的舞台——世界盃。

有別於現時申辦國際大型體育項目的「爭崩頭」盛況，彼時要主辦首屆世界盃，需要承擔鉅額開支，且不能指望獲得相應的回報，令列強都紛紛卻步。相比其他五個歐洲的申辦國，唯獨烏拉圭擁有承辦這破天荒盛事的決心和實力。

六屆南美錦標賽盟主、蟬聯兩屆奧運冠軍，輝煌的戰績讓烏拉圭深信，他們有能力在自家門前揚威，為慶祝制憲一百周年，舉辦完美的盛宴。自從獨立的百多年以來，烏拉圭一直活在阿根廷和巴西兩國的陰影甚至威脅之下，熬出頭來的小國，急欲向全世界證明自己，力求在歷史名冊上寫下輝煌篇章。

然而，並非全球都對世界盃趨之若鶩，除了英國杯葛賽事，歐洲列強都因長途跋涉而興致索然。即使烏拉圭願意承包參賽球隊的開支，羅馬尼亞、法國、比利時和南斯拉夫四支參賽球隊中，前三者都彷彿「半推半就」之下，勉強坐上前往蒙特維的亞的輪船。從熱拿亞（Genova）啟航到抵達目的地，足足花了兩星期之多。參賽球員姑且如此，當然也不會衍生甚麼旅遊業收益。

最重要的是烏拉圭政府，願意為首屆世界盃，特地建造一座能容納九萬多人的宏偉足球場——世紀球場。我從地面的展館經通道走進球場，環顧四周。了解歷史過後，連視野也全然不同。目前的「作客看台」是以巴黎近郊命名的科倫布看台（Tribuna Colombes），主場看台則是阿姆斯特丹看台（Tribuna Amsterdam），作為兩次奧運冠軍的紀念。博物館所在的奧林匹克看台（Tribuna Olympic），則有世紀球場的地標——一座九層高的流線型高塔。這個極具歷史性的大型混凝土球場，不論設計或科技都屬於當時的里程碑，更被時任國際足協主席雷米（Jules Rimet，台譯朱爾．里梅）稱為「神廟」。

我回想展館內的畫作與相片，想像數以十萬群眾在球場內外聚集的盛況。烏拉圭隊亦不負東岸父老，成功克服1：2半場落後和場面上的下風，於下半場吹響反勝的號角，最終以4：2逆轉。頑強的鬥志、堅定不屈的精神，令「查魯亞之爪」（La garra charrúa）之名不脛而走，小國人民的身分認同再添自傲的理由，並一直延續下去。

博物館的二樓，放滿一九二四年至三〇年間雄霸天下的證據，從奧運海報、球員畫像到當年的珍貴相片。然而，初代霸主因國際形勢而無法延續偉業。美國經濟大蕭條重挫拉丁美洲，農產品價格銳降，依賴出口、產業單一的烏拉圭終難以獨善其身。國家經濟急挫，失業率上升，全國一片愁雲慘霧。一九三三年，軍方乘亂政介入，烏拉圭於此後數年一度受獨裁政權控制。

第二次世界大戰令歐洲百廢待興，對烏拉圭出口商品的需求增加，貿易順差為烏國經濟再次帶來財富。經濟蓬勃、治安良好、具民主法治的制度，讓其贏得「南美洲瑞士」的美譽。

一九五〇年，巴西興致勃勃地舉辦世界盃，並為此修建著名的馬拉簡拿球場。被視為奪冠大熱的巴西隊，在決賽只需賽和即可奪冠。烏拉圭卻在落後下，於最後十一分鐘反勝，讓對方在自家門前敗興而歸，史稱「馬拉簡拿之痛」。自一九三〇年首屆世界盃奪冠後，烏拉圭隊分別杯葛一九三四年意大利世界盃、一九三八年法國世界盃，加上之後兩屆因二戰停辦，終於闊別廿年之後，第二次登上世界盃舞台，並即再度掄元。全國上下舉國歡騰，民族自豪感攀上顛峰。然而，高峰之後，卻是急速滑落。五、六〇年代，烏拉圭深陷經濟危機、社會矛盾加劇、武裝反政府勢力崛起，政府無力處理結構性問題，反倒以武力鎮壓示威者、無視憲法及程序公義，國家陷入一片混亂。

直到一九七三年軍方正式奪權，烏拉圭進入獨裁黑暗時期。獨裁政權大肆搜捕異見者、武力鎮壓反政府示威、司法上的無罪推定原則被推翻，被捕者的人權被剝奪。軍政府對人民進行高度監控、軍警肆意搜捕，法律淪為打壓工具，無數人「被消失」，政治領袖流亡海外。政權加強操控傳媒、進行洗腦教育，強迫人們表態歸邊，按政權利益將公民分類，並鼓勵互相揭發。此一時期，自由和民主遭到前所未有的摧殘，國家和足球也自然一起墮進深淵。博物館內的館藏，變成了其他列強的紀念冊，天藍軍團彷彿消失在國際球壇之中。

軍政府試圖利用足球，助長其大肆渲染的民族情緒。我隨著時間軸看到一個查魯亞小孩形象的紙糊模型，這個以後腳跟踢球的小孩是一九八〇年烏拉圭舉辦「世界金盃」（Copa de Oro de Campeones Mundiales）或稱為「小世界盃」（Mundialito）的標記，他們邀請歷代世界盃冠軍參賽，並最終成功奪冠。同年，即使在軍政府操縱傳媒和全力干預下，選民仍在全民公投中，成功否決軍政府的修憲草案，顯示多年的打壓仍無阻烏拉圭人對自由和民主的追求。

我走到美洲國家盃專櫃前，發現這支球隊自一九六七年後便已停滯不前。然而，當烏拉圭社會正醞釀著自我救贖之際，足球率先挺身而出。一九八三年十一月四日，烏拉圭第十二度奪得美洲國家盃冠軍，七萬人上街慶祝，其後演變成大型示威，多人被捕及受傷。同年十一月三十日，四十萬人上街，向全世界展現民主的決心。軍政府終於翌年迫於形勢下台，烏拉圭重返民主體制，威權主義終歸敵不過民意。

烏拉圭民主進程重回正軌，國家於千禧年後，再度起飛。足球也從一度變得球風粗野，甚至不擇手段的迷失中，漸漸恢復過來。在世紀球場的塔頂鳥瞰，景色早已不同。唯百多年來，一幕幕的共同經歷，烏拉圭人一直與足球一起書寫新的歷史篇章。

百年奮鬥，小國傳奇

別了首都蒙特維的亞，我來到世遺古城科洛尼亞（Colonia del Sacramento）。我穿過古城門，踏著粗獷的石板路，一步一歷史。我隨意地在古城蹓躂，撫摸老舊房子的外牆、細看陶瓷製的街道門牌、嗅聞從庭園延綿到街上的鮮花。這裡散發著與首都截然不同的氛圍，陽光特別明媚，鳥兒也格外開朗。

不少旅人都會在一家名為 Restaurante El Drugstore 的餐廳駐足，色彩繽紛的布置讓人目不暇及，門外的老爺車也是拍攝的好題材。一九六四年建成的聖方濟修道院現今只剩下頹垣敗瓦的遺址，相伴在燈塔身旁。全國最古老的房子，則位於古城內最有名的嘆息路（Calle de los Suspiros）。碎石路微微向路中央凹陷，路中央則是排水溝，是典型的葡萄牙式風格。至於西班牙式的設計，則是在路的兩旁皆建有排水溝。古城的範圍雖然不大，但從諸如房屋外觀和建築材料等細節中，分辨葡西兩國的風格，也算是寫意的樂事。這個城市，本身就是烏拉圭的歷史見證。

自一六八〇年由葡萄牙人建成後，科洛尼亞一直受西葡兩國多番爭奪。控制權在兩國之間七次易手之後，終於在一八一一年由國父阿蒂加斯率領的聯邦同盟釋放。可惜，葡萄牙擔心拉美的獨立風潮蔓延，於一八一六年出兵佔領東岸，並於其後將東岸納入巴西版圖。於一八一〇年五月革命時，東西岸人仍然屬意建立一個統一的獨立國家。然而，位於布宜諾斯艾利斯的執行委員會，為避免同時對抗西葡兩國，決定置東岸於不顧，遂引起阿蒂加斯憤而帶領「東岸33人」出走，獨力對抗殖民者。東岸的抗爭者經過多年的堅持，在巴西和阿根廷兩國之間角力，加上「國際線」上得到英國的斡旋之助，終於在一八二五年宣告烏拉圭獨立，並於一八二八年《蒙特維的亞和約》（Montevideo Convention）中得到正式認可。

東岸這片肥沃之地，百多年來，歷盡兩大殖民者的剝削和佔據。在獨立的過程中，又被西岸的手足離棄，最終孤身上路，獨立成國。雖然獨立並非所有社會問題的最終答案，建國後的烏國仍然受到境外勢力的干預，以至長年動盪不安。二十世紀以降，烏拉圭歷盡高峰低谷，歷史上多次受經濟周期低谷的打擊，甚至遭受獨裁魔爪。可是，東岸人貫徹「不自由，毋寧死」（Libertad o Muerte）的精神，堅持對公義、自由和民主的追求，從殖民者或獨裁者手上光復，開創屬於他們自己的時代。

踏入二十一世紀，這個洗盡年華的國度，在民主、自由、人權、治安、人均收入和收窄貧富差別等範疇上，均高踞拉丁美洲前列。二〇一三年，在左翼政府的推動下，烏拉圭成為首個大痲合法化的國家，同年亦通過同性婚姻合法化、墮胎非刑事化，可見其開放和自由的風氣。這個堅毅不屈的小國善用自身的經濟優勢，堅守已然鞏固的民主法治制度和意識，在地緣局勢上找到獨有的自我定位，她的足球亦然。

身為列強之爭下的產物，夾在兩大強國之間，烏拉圭從出生起便充滿小國寡民的生存和認同危機。愛德華多．加萊亞諾在其著作《足球往事》中高呼「天藍色球衣是這個國家存在的鐵證。烏拉圭不是個錯誤。足球讓這蕞爾小國自默默無聞的陰霾中走出。」正正道出長久以來小國人民的心態。

我看著泥黃色的河口，總是望向西邊的我赫然反思。一時之間，世紀球場的無數畫面在內心交互重疊。即使百多年前兩岸同為一體，但經過數百場超級打比、歷屆國際大賽，民眾在同一旗幟之下，為己國吶喊助威、甘苦與共、榮辱共享，早已建立自身的身分認同。那些所謂「自古以來」的同宗同源，又怎會再是相同的身分？也許再也無法回到最光輝的巔峰，但她至少走出了屬於自己的路。

URUGUAY

「烏拉圭打比」中無論男女老幼都十分投入。

世紀球場曾經是當代的劃時代建設。

烏拉圭烤肉的確是值得國民自豪的一道絕活。

科洛尼亞古城，同時擁有西班牙和葡萄牙特色，值得細味。

足球博物館內，珍藏了烏拉圭足球初期幾家重要球會的旗幟。

挾著瑪黛茶茶壺的男人，是烏國街道獨有的景色。

CHAPTER 3

告別毒梟：哥倫比亞

「毒梟足球」如何影響整個哥倫比亞？

回想我出發之前，拉美之旅仍處於幻想階段。當時的我看著地圖，粗略地構思行程，還一廂情願地，打算從哥倫比亞陸路前往巴拿馬。後來我才發現，不是世界上所有的陸地，都有道路相連。地圖上所顯示的，不過是地理上的連接。殊不知，該處不僅是熱帶雨林的未開發之地，更是游擊隊長年佔據的範圍。

作為土生土長的香港人，誤以為「大地任我行」，那種理所當然的思維被衝擊，也對自己的無知感到羞愧。和平安定，在大部分的地方從來都絕非必然。

時至今日，許多人對哥倫比亞的印象，仍然跟危險、暴力和可卡因（Cocaine，台譯古柯鹼）等詞語劃上等號。然而，就如是對印度的污名化一樣，對哥倫比亞視為洪水猛獸的人，往往從未到訪該國，甚至連她的地理位置也一無所知。哥倫比亞，就似經歷吸食毒品習慣的人，只要一旦曾與毒品扯上關係，便成為其不可磨滅的烙印，甚至蓋過她其他的身分、改變、貢獻和美善。只有願意聆聽別人內在經驗的故事，才是去除標籤的唯一辦法。

卡塔赫納與魔幻現實

我從委內瑞拉輾轉來到海邊城市卡塔赫納（Cartagena），這是我在哥倫比亞首個踏足的大城市。卡塔赫納是一座歷史名城，長達十一公里的古城牆將舊城區攬入懷內，也將她的故事留在內裡。

我抵達卡塔赫納時，已是夜幕低垂，安頓過後便已無力遊覽。翌日，我急不及待地徒步前往舊城區去。開闊的廣場背後，是保存完好的古城牆，黃色鑲白的鐘樓聳立在城門之上。鐘樓城門（Puerta del Reloj）作為卡城的地標，正張開雙臂歡迎各地遊人。

我從鐘樓城門的拱門下穿過，進入舊城區的範圍，首先踏足的是三角形的廣場 Plaza de los Coches。眼前是一系列樓高不一、色彩豐富的殖民地建築。廣場中央，立有一座雕像，以紀念一五三三年建城的西班牙殖民將領 Pedro de Heredia。廣場四周熱鬧非常，拱門下的書報攤展示大量報章雜誌、旁邊的男士在兜售當家球星洛迪古斯（James Rodríguez）的國家隊球衣、Palenqueras 大媽在擺賣甜食，還有無數遊人在駐足拍照。[1]

雖然舊城區不乏歷史景點和博物館，但我最喜愛的遊覽方式，還是放慢腳步、隨意遊走。漫遊舊城區，既是尋根究柢的文化旅程，也為大飽眼福的色彩盛宴。古雅樓房的外牆被抹上斑斕色彩，紅黃藍白棕，應有盡有，配合陽台上的花卉攀藤，確是一步一景，驚喜處處。我仔細觀察，不僅欣賞陽台的細緻特色，也從建築物的大門和門環設計，了解昔日屋主的家世地位。偶爾一輛馬車在古教堂前駛過，讓我產生時空的錯覺，但街角售賣巴拿馬帽或 Wayuu 袋的小販，又將我拉回現代。

傍晚時份，我到海邊的城牆上散步。城牆上的砲台記載著歷史，從抵禦海盜，至力拒英國和法國入侵，到民族獨立戰爭，戰火與衝突不時侵襲這座要塞城市。來自加勒比海的海風吹拂，吹走惱人的悶熱，我遠望海邊球場的球員正追逐夕陽下皮球，近看身旁吧桌的遊人沉醉於餘暉的美酒，巨大的國旗在飄揚，落日平靜地沒入水平線。

入夜後，我走到住處附近名為 **Plaza de la Trinidad** 的小廣場。日間時的小廣場

1 Palenqueras：來自 San Basilio de Palenque 的女性。十七世紀初，逃脫的非洲黑奴在這偏遠村落定居，漸漸發展成特殊的非洲人社區，被視為非洲黑奴在美洲首個自由之地。San Basilio de Palenque 更因保存其獨有傳統和文化，被聯合國教科文組織列入人類非物質文化遺產。

不算引人注目，但每逢夜裡，便搖身一變，成為居民遊客趨之若鶩的「街頭食堂」。小廣場的面積不大，或許只有約一兩個籃球場般大小，但有許多年青人在聚集。他們有的坐著喝啤酒聊天、有的在吃街頭小吃，有的在練習雜耍，也有小孩子在中央位置踢足球，還有隨意播放的音樂、小販的叫賣、群眾的喧鬧，都融為一體，整個廣場呈現朝氣勃勃的凌亂美。

我當然也入鄉隨俗，一口氣買了不少街頭小吃作晚餐。除了令人垂涎的串燒，還有包含了炸大蕉餅、肉絲、香腸、洋蔥、粟米和芝士等食物的地道小吃 Patacon con Todo。我安坐在廣場的長椅，享受入夜後的卡塔赫納。我遊目四顧，赫然發現自己竟在「惡名昭彰」的哥國黑夜流連。雖說自己大多身處如泡沫般的遊客區，但整天感覺平靜安全，跟那些聲名狼藉的恐怖印象，相去甚遠。

翌日早上，我在舊城區的一家書店，邊喝咖啡邊看書。書店的一角，是諾貝爾文學獎得主賈西亞．馬奎斯（Gabriel García Márquez）的專欄。他的著作《愛在瘟疫蔓延時》和《關於愛與其他的惡魔》皆以卡塔赫納為背景。當然，說到這位魔幻現實主義大師的代表作，必定是膾炙人口的《百年孤寂》。性格鮮明的家族成員上演荒誕離奇的劇情，穿插著幽靈神話和民間傳說，交織出孤寂的命運。翻閱《百年孤寂》，不禁會問：「除了作者的豐富想像力外，到底是怎樣的時代與環境，才能孕育出如此作品？」

這片土地上，並非每個家庭都是邦迪亞家族，但拉美人總會在他們身上找到屬於自己的身影。外人眼中的魔幻情節，正是拉美人的現實經歷。既荒謬絕倫，又如幻似真，曲折離奇的情節，卻於哥倫比亞歷史上世代重演。其中一個世代，正是毒梟橫行和游擊隊肆虐的時代，我稱之為「混戰時代」。

哥倫比亞印象：游擊隊＋毒梟

在玻利瓦爾帶領下，這片土地於一八一九年從殖民者手上得到解放，並以哥倫比亞之名建國。然而，由哥倫比亞誕生至今的二百多年來，紛爭與衝突幾乎從未間斷，公義與和平離她尚有很遠。

雄心壯志的玻利瓦爾，意欲建立拉丁美洲的大一統民族國家，卻因政治分歧和派系糾紛之下，只能目睹「大哥倫比亞共和國」的瓦解，含恨而終。建國初期的兩位領導人，玻利瓦爾與桑坦德（Francisco de Paula Santander），因政治分歧而反目，他們的追隨者各自成為後來的保守黨和自由黨核心。兩黨之爭成為哥倫比亞歷史的重要篇章，包括兩次大規模的內戰——「千日戰爭」（Guerra de los Mil Días, 1899-1902）和「暴力時期」（La Violencia, 1948-1958），其死亡人數皆數以十萬計。「暴力時期」結束而後，兩黨和解，組成「民族陣線」（Frente Nacional），協議輪流執政，均分內閣和議會席位，並以此形式壟斷哥國政治達十六年。

長期的政治紛爭和武力衝突，固然讓哥倫比亞人難以安居樂業。在以美國為首的經濟殖民下，哥國政府長期向外資和大地主傾側，更令工人和農民生活苦不堪言。《百年孤寂》中的「香蕉公司大屠殺」，似是荒謬絕倫的虛構故事，卻是基於一九二八年發生的真實事件。當時執政的保守黨，為保護美資聯合水果公司的利益，大舉屠殺爭取權益的罷工工人及市民。雖然在政權封鎖消息和竄改言論下，具體真相至今仍不得而知。然而，即使無法宣諸於口，但政權為保私利而屠殺人民的血債，不會憑空消失。現實並非如小說中，出現社會性的整體失憶。只要有人守護良知，記憶就能存於血液之中，不會被年月所蠶食，有朝一日因果將至。

哥倫比亞共產主義自二〇年代起醞釀，由數十年前「香蕉大屠殺」的血案，到「民族陣線」壟斷式的政治分贓，改革派無望以政治參與方式改變社會，加上冷戰時間的蘇美角力、古巴革命成功的鼓舞等背景影響下，將部分左翼分子逐步推向極端和武力手段。於六〇至七〇年代，左翼游擊隊如「哥倫比亞革命武裝力量人民軍」（**Fuerzas Armadas Revolucionarias de Colombia，FARC**）、「民族解放軍」（**Ejército de Liberación Nacional，ELN**）、「四月十九日運動」（**Movimiento 19 de abril，M-19**）等相繼成立，他們聲稱要以武力奪取政權、爭取土地和政治改革。

左翼游擊隊盤踞叢林等地，作為勢力範圍，與哥國政府進行長期的武裝對抗。另一方面，他們又以勒索跨國石油公司、綁架大地主及其家人等方式，作為其打擊「進行剝削的特權階級」的手段和增加資金的來源。左翼游擊隊的出現，牽涉哥國的社會結構性問題和當代的國際形勢等，各種錯綜複雜的因素。另一關鍵因素的出現，則令本已混亂的局勢，變得一發不可收拾。這個關鍵因素正是——跨國毒品販運。

於七〇至八〇年代，毒梟發現可卡因的豐厚利潤，開始以各種形式輾轉販運至歐美各國。可卡因不僅令毒梟們一夜致富，甚至一躍成為哥倫比亞的實際操縱者。販毒集團作為黑幫，固然擁有武力，而包括他們在內的大地主和富人等，為對抗游擊隊的勒索和綁架手段，也紛紛以僱傭兵、強大武器和軍事訓練等武裝自己。從一開始成立名為「綁架者死」（Muerte a Secuestradores，MAS）的武裝聯盟，到後來變成各個右翼準軍事組織，如哥倫比亞聯合自衛軍（Autodefensas Unidas de Colombia，AUC）等。事實證明，這批法外之民不過是以「自衛」之名，胡作非為，犯下了大部分的酷刑屠殺、姦淫擄掠等喪盡天良罪行。

自此，不論是左翼游擊隊、黑幫、右翼準軍事組織，都藉販毒行為作為其主要經濟來源，持續壯大勢力，各據一方。在這些武裝集團的猖獗之下，哥倫比亞一度淪為充滿謀殺、綁架、炸彈襲擊和槍林彈雨的國家。哥國政府為此困擾多年，但彼此之間卻絕非單純漫畫式的正邪大戰。上述各路人馬的關係千絲萬縷，時而結盟、時而反目，加上美國干預和政府內部腐敗，爾虞我詐、敵我難分，令血腥暴力籠罩哥國超過半個世紀。

麥德林與兩個艾斯高巴

足球，讓肆虐整個哥倫比亞的毒品和治安問題，以另一個形式得到國際注目。八〇至九〇年代，毒梟的勢力幾乎掌管哥倫比亞全國的每一個角落，足球自然也不能獨善其身。高峰時期，頂級聯賽的二十家球會中，不下於十七家與販毒集團的資金有關，「毒梟足球」的污名因此不逕而走。正如紀錄片《The Two Escobars》開宗名義的命名，要了解「毒梟足球」時代，不得不提這兩個姓氏相同的代表人物，我也為此到訪哥國第二大城市麥德林（Medellín）。

麥德林，過去被視為哥國的毒品首都，更一度是全球最危險的城市。根據一九九一年的數字顯示，整年有逾六千人死於謀殺，街頭槍戰、政治暗殺、汽車炸彈等幾乎無日無之，正是惡名昭著的不法地帶。位於首都波哥大（Bogotá）的哥國政府無力控制這個失序的城市，真正掌控秩序的，是一代「可卡因之王」巴勃羅・艾斯高巴（Pablo Escobar，台譯巴布羅・艾斯科巴）。

巴勃羅一生傳奇，他的所作所為誇張得連作為電影情節也略嫌難以置信。他和其下的「麥德林集團」（Cártel de Medellín），於高峰時期供應全美國八成可卡因。他本人更以毒品事業的豐厚財富，登上《福布斯》（Forbes，台譯富比士）全球富豪榜第七位，堪稱「業界翹楚」。

年青時巴勃羅只以私煙和偷車等小規模罪行為生，到走私事業踏入軌道後，他看準可卡因作為新興毒品的巨利，抓緊時機，建立由種植、製毒、販運到銷售的「一條龍」式的毒品供應網絡，並成功打造其毒品王國。他其下的麥德林集團想出以私人飛機運毒，甚至買下中途的加勒比海小島作補給等，各式創意無限和大膽猖獗的方式，將毒品源源不絕地運往歐美各國，開創毒品貿易現代化和國際化的先河。

他之所以廣為人知，不僅因富可敵國的資產，更是其足以改變整個時代的影響力。他以所謂「銀彈或銅彈？」（¿Plata O Plomo?）的策略而聞名，在他的面前，對方只有兩個選項，不願被「銀彈」收買，就等著被「銅彈」射殺。當時哥國上下，不論是法官、警察、政客或官員，受其賄賂控制者不計其數。面對公然與他對抗的人，他心狠手辣，且毫不猶豫。他曾先後下令暗殺幾位總統候選人，死者包括支持將毒販引渡美國的自由黨候選人加蘭（Luis Galán）。他為暗殺加蘭的政治繼承人加維里亞（César Gaviria），更發動飛機炸彈，雖然後者幸運逃過一劫，但飛機上所有無辜的人則慘成亡魂。他不僅殺害高官、部長、警察、新聞工作者和敵對幫派成員，甚至不惜向有美國撐腰的哥國政府發動戰爭，以炸彈襲擊和暗殺等恐怖主義手段，迫使對抗者就犯。「毒梟之王」憑超乎常理的威迫利誘，在哥倫比亞幾近呼風喚雨，「順我者昌，逆我者亡」。

巴勃羅作風高調、生活奢華，也令他的故事更添色彩。在他云云豪宅之中，以拿不勒斯莊園（Hacienda Nápoles）最為浮誇。莊園入口的閘門頂部，放置他首次用以運毒的小型飛機，這個偌大的別墅不僅存放多架名貴老爺車，甚至還建起動物園，引進河馬、長頸鹿和大象等動物。麥德林集團所賺的黑錢之多，遠超其洗白的速度，以至他們甚至將大量美金現鈔埋藏在泥土之下的祕密地點，後來不少鈔票竟因保存不佳而腐爛。

毒梟之王連入獄坐牢的經歷，都極為戲劇性。事緣政府與毒梟之間的毒品戰爭令雙方都傷亡慘重，加維里亞政府接受巴勃羅的和解方案，允許後者於一九九一年「自首」，以象徵式入獄五年以及近百億美元助哥國政府償還國債，換取無需引渡至美國受刑。然而，其後卻證明巴勃羅魔高一丈。一九九一年，他住進自行選址、設計和興建的監獄，內裡建有辦公室、遊樂室、酒吧和足球場等，被稱為「大教堂」（La Catedral）。他不僅有權選擇守衛，更下令任何人，未經他允許，不准靠近大教堂幾公里以內的範圍。如是者，他安然在「監獄」內經營其毒品王國，也時刻接待各類訪客。直至他在內裡殺死兩名黑幫成員後，才觸動哥國政府決定將其移送至正式監獄，他卻在行動前成功越獄。

此時，由卡利集團（Cartel de Cali）和 Carlos Castaño 帶領的右翼準軍事組織等敵對陣型，組成對抗巴勃羅的聯盟「Los pepe」，以武力和恐嚇等手段，企圖搶奪「王位」。在美國支持的哥國政府和敵對陣型的雙重夾擊下，巴勃羅的大勢已去，終於在一九九三年十二月，他越獄的十六個月後，被特種部隊射殺，死在麥德林 Los Olivos 區的一處民房的瓦頂上。

這位一代梟雄的人生，或許就如同他的紅顏知己兼記者 Virginia Vallejo 所寫的回憶錄《Loving Pablo, Hating Escobar》的命名一樣，難以用三言兩語定性。然而，巴勃羅的人生中最不受爭議的，可能是他對足球的熱愛。根據他的家人在訪問所說，他人生的第一對鞋是足球鞋，死時也是穿著足球鞋。據說，他在逃難危急時，也不忘收聽收音機的足球賽直播。他在大教堂「服刑」的日子，不僅幾乎與整隊國家隊踢過友誼賽，甚至連阿根廷球王馬勒當拿（Diego Armando Maradona）也在其禮聘之列。酷愛足球的他，將畢生對國民體育會（Atlético Nacional）的支持，化作金錢上的行動。他的入主讓這家麥德林本地的球會，成為當代「毒梟足球」中的代表。

創造歷史的足球場

我從地鐵站走來，穿過小公園便來到國民體育會與麥德林獨立（Independiente Medellín）共用的主場 Estadio Atanasio Girardot。這是一個平靜的下午，好些工人在球場外忙著。我圍繞球場外行了一圈，偶爾從半開的閘門隙間窺看，看得見球場的草地和座位和硬件，卻無從窺看當年哥倫比亞足壇的真相。

雖然稱不上是著名的足球聖殿，但這裡可說是創造哥國足球歷史時刻之地。一九八九年，國民體育會在南美自由盃的淘汰賽一路猛進，憑著出色的主場戰果，包括2：0勝阿根廷競賽會（Racing Club）、八強1：0主勝百萬富翁（Millonarios F.C.）、四強6：0大勝烏拉圭球隊 Danubio 等，得以首次殺入決賽。雖然於迎戰巴拉圭球隊 Olimpia 的決賽次回合，因球場規模所限需移師至波哥大，但無礙國民體育會爭取成為哥國的首任盟主。當 Leonel Álvarez 於第九輪互射12碼成功破網時，職球員、啦啦隊、記者和球迷湧進球場慶祝，電視直播的評述員喊破喉嚨，全國人民歡喜若狂，見證毒梟足球帶領哥倫比亞球會，打破巴西、阿根廷等傳統勁旅的壟斷，成功走上南美之巔。

國民體育會的成就，宣告巴勃羅和毒梟足球的勝利。然而，他並非最早，也非唯一以毒品黑金入主足球的人。大麻毒梟 Eduardo Enrique Dávila 早於一九七三年便已入主位於 Santa Marta 的球會 Union Magalena。其後，可卡因的盛行改變哥倫比亞足壇，更正確的是，改變了整個哥倫比亞以至全世界。

七〇年代末，同樣藉可卡因崛起的卡利集團首腦 Orejuela 兄弟入主卡利美洲（America de Cali）。Orejuela 兄弟投入大量資金，羅致包括阿根廷前鋒 Ricardo Gareca、巴拉圭球星 Roberto Cabañas 和秘魯中場 Julio Uribe 等外籍球員，令原本被同市宿敵比下去的這隊弱旅異軍突起。卡利美洲成績脫胎換骨，收穫一九八二至八六年國內聯賽五連冠的佳績，並於八五至八七年連續三年打進南美自由盃決賽，可惜盡數飲恨。至於麥德林集團的另一位頭目，綽號「El Mexicano」的 José Rodríguez Gacha，則於八六年入主波哥大的老牌球會百萬富翁，並於進入多宗重要收購後，即收穫八七和八八年國內聯賽冠軍。

到底為甚麼毒梟會對足球情有獨鍾？難道他們都是忠實的熱血球迷？答案當然不是，至少遠不止於足球層面。毒梟們藉經營球會，不僅能以門票和球員轉會費等方式，輕而易舉地將黑金洗白，也為他們帶來社會地位和人脈。如是者，毒梟們樂此不疲地將資金注入，哥倫比亞足壇頓成毒梟們云云的玩具和收藏品之一，供其口舌與面子之爭，猶如被飼養的鬥雞。

「毒梟足球」帶來立竿見影的成績，但同時也把足壇拉進無盡的深淵。「毒梟足球」讓本來的球場暴力和隨之衍生的事故，提升到另一個層次。也許是牽涉的利益過於巨大，或單純是暴力已經支配整個哥國，足球界的人物也不能倖免。球會高層、聯賽賽會主席或足球記者等遭槍傷或暗殺者，不屬罕見，甚至有球員在比賽期間被球迷射殺。他們當中，最危險的可能是球證。烏拉圭球證 Daniel Cardellino 表示曾於賽事前，受到來自哥國黑幫的金錢收買和死亡威脅。球證 Alvaro Ortega 在一九八九年麥德林獨立對卡利美洲的關鍵大戰中，被指作出錯誤判決後，遭麥德林集團的殺手所殺害，事件直接導致當年的聯賽被取消。

恐嚇、賄賂、暴力和謀殺，令「毒梟足球」帶來的佳績蒙上一層厚厚的陰影。被視為麥德林集團成員的國民體育會主席 Hernan Botero Moreno，於一九八五年因洗黑錢等罪名被引渡至美國，打響「毒品戰爭」的頭炮。至於球會首奪南美自由盃的殊榮，更被重重疑點所玷污。當中四強次回合，主場6：0大勝烏拉圭球隊 Danubio，阿根廷球證 Juan Java 直指賽事中的三位球證受到「銀彈或銅彈？」的威脅。當屆球隊在麥德林的6場主場賽事錄得5勝1負，唯一的敗仗是分組賽輸給同樣來自哥國的百萬富翁。雖然麥德林集團多年來否認影響一九八九年的南美自由盃賽事，但不難想像來到麥德林執法的球證定必承受巨大的壓力。哥國首位南美盟主是否勝之不武？多年以來都難有定論。

建於貧民窟的足球場

我離開位於城市中央的 Atanasio Girardot 球場，一時之間頓感迷失。在「毒梟之王」死後多年的今天，他的故事成為麥德林的傳說，甚至有專屬的導賞團。他的足跡之地，包括曾經被炸彈襲擊的多層式豪宅 Edifico Monaco、喪命之地的瓦頂、位於市郊的墓地、「大教堂」以至被改建為主題樂園的拿不勒斯莊園等，都不乏部分旅客的好奇追捧。

然而，我環顧這座位於阿布拉河谷（Valle de Aburrá）中的城市，遠眺四周延綿的山勢，仍是密密麻麻的貧民窟。巴勃羅的影響力不止於 Atanasio Girardot 球場，在貧民窟的無名足球場更是有過之而無不及。

我望向城市東方的山坡，那裡仍有對他深懷感恩、讚頌有加的人。那裡是位於第9區的，由他建立的「艾斯高巴社區」（Barrio Pablo Escobar）。出身寒微的巴勃羅，多年來投放大量資金貧苦大眾。他於一九八二年出資，為過千無家可歸的貧民興建逾八百座房屋，並將之名為「沒有貧民窟的麥德林」（Medellin sin Tugurios），從此這裡被稱為「艾斯高巴社區」，至今仍畫有尊崇他的塗鴉。

除了興建房屋之外，他還出資修建為數不少的幼兒園、小學、中學、大學和醫院等民生設施，當中他最喜歡的，是在貧民窟興建足球場。出資捐助貧民、興建民生設施和動人的階級演說，不僅讓他自封為「麥德林羅賓漢」，也為他在選舉中贏得大量基層的支持，成功奪得國會議席。[2] 巴勃羅在當時不少的麥德林群眾心目中，是孤苦無依時唯一伸出援手的希望、是親切助人的英雄，以至於在他四面楚歌之際，仍受到當地人的幫助和保護，甚至據說有二萬多人出席他的葬禮。

2 司法部長 Rodrigo Lara 公開譴責成為國會議員的巴勃羅，他揭發其毒梟身分和相關人物與「毒梟足球」的連繫，更大力打擊其毒品事業，包括搗破大型毒品工場和支持引渡條例，最終被巴勃羅下令暗殺。

我遠遠望向這個山邊的社區，並沒有參觀的意欲。巴勃羅的影響力和統治力非常巨大，以至於在他離世後，社會因權力真空而更形混亂，由他一手建立的地下秩序和原則也煙消雲散，治安問題一度更為惡劣。巴勃羅「白手興家」、義助貧民，在談論其功過時，是否正邪難分？甚至有人認為毒品不過只是另一種貿易商品，若非美國人有所需求，又何來供應？加上美國的帝國主義干預哥倫比亞多年，將毒品外銷賺來的金錢幫助本國貧民，不失「劫富濟貧」的精神，至少比大部分無視基層的哥國政客好。然而，上述種種說法，都說不過去，他多年來的恐怖統治和所帶來的血腥暴力，奪去無數無辜的生命與希望。

從球會到國家隊

傳奇領隊馬杜蘭拿（Francisco Maturana，台譯麥杜拉拿）初執教鞭時，經驗與名氣欠奉，加上黑人身分的負面影響，前途本來不被看好。然而巴勃羅獨具慧眼，對他賞識提拔。他被委以國民體育會的主帥重任，更順利接掌國家隊，可說是平步青雲。他曾在訪問中表達對毒梟足球資金的的看法。「毒梟所投入的資金，讓我們能夠收購優秀的外援，並且留住最好的本土球員。」

除了出色的球員外，毒梟足球所投入的大量資金，也可以用於引入如領隊或各類高質素的專業人員、修建球場設施等，無疑能幫助哥倫比亞足球一時的光輝，從球會層面到國家隊亦然。

成長於巴勃羅年代和貧民窟球場的球員，包括 Mauricio Serna 和 Alexis Garcia 等人，逐漸成為哥國球壇的主力。國民體育會以全哥國球員陣容奪得南美自由盃，也直接帶動國家隊的水平和人氣。兼任球會與國家隊主帥的馬杜蘭拿，以國民體育會的主力作為骨幹，建立了一支出色的球隊。哥倫比亞自一九六二年後，終於一九九〇年第二度闖進世界盃決賽周，並開展其「黃金一代」。

球隊在世界盃人舞台上表現亮眼，其中1：1迫和當屆冠軍西德，令人刮目相看。雖然16強對陣喀麥隆時，因門將希基達（René Higuita）出擊時盤扭失敗而導致失球，最終僅負1：2出局，但是球隊的大膽作風，已令世人留下深刻印象。

希基達作為門將，長距離引球疾走，被米拿（Roger Miller）盜球的畫面，並非偶然的意外。這位凌亂長髮、滿臉鬍子的球員，除了以技驚四座的「蠍子式撲救」留名史冊外，亦因自創的「出擊門將」踢法聞名。他經常「不守本分」殺出禁區，甚至引球推進到前半場參與攻勢，表演慾與射門慾極強。他的職業生涯共取得四十一個入球，是史上入球最多的門將之一。號稱「狂人」（El Loco）的他曾表示，這片土地上實在有太多的痛苦，希望透過足球為人們帶來歡樂，因而創造出娛樂和驚喜十足的「出擊門將」踢法。

球員之所以能夠「瘋狂」，多得予以容許的空間和支持的環境。從球會到國家隊層面，馬杜蘭拿都懷著相同的信念。除了成績之外，他著重的是建立富娛樂性、熱情奔放、自由自在的足球風格，他鼓勵球員表現自我、發揮想像力，盡情地展現自我。他們相信以足球表達自己、釋放自己，便能展現真我的個性，讓民眾產生聯繫感，呼喚出各自內心深處的真我，也讓這種浪漫主義的氣質，不為烽火連天所吞噬、或遭現實困難所淹沒，繼續在哥倫比亞的血脈中承傳。

馬杜蘭拿之所以重用希基達，甘願接受他不必要犯錯的風險，除了因為他的足球哲學外，同時也有戰術上的考慮。希基達「清道夫門將」的踢法，配合四人防線和高位防守，讓門將可以參與防守和組織攻勢，某程度變相「多打一人」，在當時的球壇獨樹一幟。他以「4－2－2－2」陣式聞名，在布陣和戰術運用上，都具有革新性，為哥倫比亞球壇帶來重大的改變。

九〇年世界盃的眼前一亮，令哥倫比亞國家隊備受注目。「黃金一代」默契、信心和名氣與日俱增，他們在外圍賽以6戰4勝2和，入13球僅失2球的不敗姿態勇奪九四年世界盃決賽周的入場券。其中，在外圍賽最後一戰，更作客5：0狂勝阿根廷，一時之間風頭無兩，被各界寄予厚望，甚至獲巴西球王比利看好奪冠而回。

哥倫比亞原本成功申辦一九八六年世界盃，但因為球場安全和惡劣的治安問題，最終將主辦權拱手奉還。加上整個八〇年代，國家都因恐襲和內戰問題屢登國際新聞。眼見苦盡甘來，全國上下都寄望藉國家隊改善國際形象，改變世界對哥倫比亞的負面印象。而國家隊的比賽，可能是這片撕裂的國土上，唯一能團結各方的時刻。足球有望在這苦難之邦重新推動身分認同之餘，也讓國民暫時忘卻痛苦，得到一時的快樂，從腥風血雨中喘一口氣。

另一個艾斯高巴

號稱「黃金一代」的陣容中，包括許多當代的優秀球員，包括希基達、「金毛獅王」華達拉瑪（Carlos Valderrama）、艾斯派拿（Tino Asprilla）、連干（Freddy Rincon）和安德烈斯・艾斯高巴（Andrés Escobar）等人，前中後三線猛將如雲，陣容完整。其中，安德烈斯統率防線、指揮若定，被視為南美史上屈指可數的後場領袖。即使他效力國民體育會，又是國家隊隊長，仍能與眾不同地，刻意跟毒梟保持距離，盡可能拒絕同流合污。他文質有禮、自律自愛，廣獲尊重和愛戴，甚至贏得「足球紳士」（El Caballero Del Futbol）的美譽。可惜，他最終卻因為一場悲劇，成為「毒梟足球」時代下的另一位關鍵人物。

國家隊自踏入一九九三年起，三十場比賽僅逢一敗，令國內外的期望達致高峰。甚至連時任總統都經常親自入場支持，亦會致電鼓勵國家隊，相信國家隊能夠為遍體鱗傷的國家帶來希望。球隊在一片樂觀的氣氛下出征美國，但他們所背負的整個哥倫比亞的期望，卻於逆境時化作無比沉重的壓力。

由赫傑（Gheorghe Hagi）領軍的羅馬尼亞，讓國家隊首戰慘吃一記悶棍。他們本來尚有分組賽可以撥亂反正，但毒梟的魔爪卻緊捏其頸脖，使其呼吸困難。據說首場失利令國內黑幫在地下賭博損失慘重，球員在電視上看見黑幫的公然恐嚇，後衛靴里拉（Chonto Herrera）甚至得悉兄長已在祖國遇害。面對針對自己及家人的死亡威脅，球隊氣氛直插谷底。同時，毒梟們更以死亡威脅干預出場陣容，將原任正選的高美斯（Gabriel Gómez）剔走，以讓自家球會的球員增加上陣機會。

在關乎生死、非勝不可的壓力下，球員寢食難安。在對戰美國之時，更顯得步步為營、進退失據，以至久攻不下、焦躁不安。此時，隊長安德烈斯面對對方的一記傳中，急欲解圍下，卻不慎誤送網窩。他職業生涯中唯一的「烏龍球」，不僅最終讓大熱門的國家隊鎩羽而歸，也間接導致他個人的悲劇結局。

不少失望的民眾和媒體對國家隊口誅筆伐，昔日的英雄待遇，一夜之間雲泥之別，甚至有球員在街頭被毆打送院。數天之後，「罪人」安德烈斯在麥德林一家夜店外，懷疑因被嘲弄而與人衝突。據說，對方朝他連開多槍時，每一下的槍聲都大叫「GOAL」，明顯暗諷他的「烏龍球」。涉事的黑幫頭目 Gallon 兄弟找來右翼武裝分子兼毒梟 Castaño 處理，並以保鏢代罪，將謀殺罪名推得一乾二淨。足球的熱情歡樂除失望退去，籠罩哥國的黑暗卻從未消散。

安德烈斯・艾斯高巴的死，讓全球震驚、令舉國心碎。他的葬禮有十二萬民眾參與，許多人泣不成聲。總統在葬禮上親自致辭，表明對抗暴力的決心，卻同時展現出無能為力。人氣當家球星慘遭殺害，讓民眾從希望變成絕望，開始遠離足球。

「黃金一代」意興闌珊，部分成員退出國家隊甚至直接退役。

「毒梟足球」從高峰迅速滑落，並土崩瓦解。「可卡因之王」巴勃羅伏法、希基達因牽涉綁架被捕、Orejuela兄弟被引渡等，都讓毒梟們意識到涉足球壇的風險，並轉趨低調。哥國足壇仍隱約看得見毒梟的影子，但巨額投資和光輝則一去不返，留下的只有更多的混亂和暴力。

哥國於九八年世界盃時，世界排名已由第四急跌至第三十四，其後更連續缺席三屆世界盃。即使他們於二〇〇一年主辦美洲國家盃，也是在汽車炸彈、游擊隊綁架、外隊接到死亡威脅、阿根廷和受邀球隊加拿大退賽等陰影之下奪得冠軍。

哥國曾經希望藉足球改善國際形象，卻將「暴力」標籤更深地烙印人心。「黃金一代」的天賦、無數人的努力以至哥倫比亞的美好，全因毒品的污名慘遭抹殺。安德烈斯的死，讓凝聚社會的希望徹底幻滅，也埋葬哥國的一個時代。哥倫比亞足球以至整個國家，繼續沒入黑暗之中。

Life doesn't end here

安德烈斯．艾斯高巴在球場內外皆被視為謙謙君子，他的離世讓人格外痛心。他在球隊出局後於國內報章《El Tiempe》撰文，大意是指「生命不會在此終結，即使如何困難，讓我們繼續並肩前行。請勿被憤怒和暴力所操控，讓我們繼續盡己所能，互相尊重和幫助。讓我們『未來見』，因為生命不會在此終結。」即使他個人的生命慘遭終結，但今天再細閱他的文字，哀傷之餘，卻感受其溫柔而強大的心靈。

哥倫比亞人長期活在恐怖、絕望和荒謬之中，在艱難中前行，時刻都面對抉擇。正如安德烈斯所說：「生命不會在此終結」（La Vida No Termina Aqui），亂世之中，我們每個人都需要思考如何堅持自己，好好地活下去。

城市規劃改變生活

我乘地鐵朝城市的西邊去，見證轉變之後現今的麥德林。我安坐在舒適、衛生和現代化的地鐵車廂中，不消一會兒，便到達三個車站距離外的 San Javier 站。麥德林地鐵系統自一九九五年首度開通後，持續改善和擴展，逐漸改變市內的交通和生活模式。麥德林擁有現時國內唯一的大型運輸系統，這個由地鐵、電車和纜車組成的軌道網絡，可說是本市的驕傲。

我在車程期間，將沿途的目光，都集中在西邊的山丘上，那是名為第13區（Comuna 13）的地方。櫛比鱗次的小房子，沿著延綿山勢，密密麻麻地把丘陵鋪滿，彷彿堆疊至山嶺之巔便能直抵蔚藍的天際。

二十世紀中葉，因內戰與農村經濟崩潰，大量民眾湧入如麥德林等大城市尋找機會，造成不勝負荷的過度擴張。他們大多是教育程度低下、欠缺技能的貧民，因無力負擔市區的租金，只好在城市周邊丘陵落腳，以基本材料搭建簡陋的棲身之所。第13區是市內眾多依山而建的貧民窟之一，由於地勢險要，又接近具戰略意義的聖胡安高速公路，故成為毒梟黑幫、游擊隊和準軍事組織爭奪之地，多年以來，受不同勢力的暴力統治，極度危險，閒人免進，被視為全球最高謀殺率城市中最危險的區域。貧民窟建於山上，生活環境惡劣，水電和道路等基本配套不濟，公共設施和工作機會欠奉。居民往來市區，動輒徒步數公里，賴以維生的選項非常有限，更遑論興趣和生活質素。居民因缺乏教育和謀生技能，苦無出路下，容易為黑幫所吸納，鋌而走險。

麥德林前市長 Sergio Fajardo 自上台後，積極推動城市規劃，希望藉改變環境，扭轉當地人的命運。二〇〇四年，哥國首個纜車系統 Metrocable（K 線）建成啟用，大大改善區內的交通狀況，山上的居民前往市區就業或參與活動，再非遙不可及。

到達 San Javier 站後，我便已抵達「第13區」的山腳。我看著電纜延綿地通往山上，將纜車不絕地往來傳送，便急不及待地乘坐纜車登山。雖然等候的隊伍中有不少旅客，但 Metrocable 絕非「昂坪 360」或「貓空纜車」式的旅遊景點，它的主要服務對象是本地居民，旅客不過是錦上添花。話雖如此，它其實亦毫不遜色，每架纜車皆設特大玻璃，即使坐滿八人，亦能輕易地欣賞沿途風光。無論山谷地勢、小房瓦頂，無一不盡收眼底。我看到一位老婦步出露台晾曬衣服、幾個孩子鑽進窄巷追逐嬉戲、十數身影奔走球場激烈比拚，彷彿轉眼即逝卻無比真實。貧民窟內，並非如電影般的只有終日的槍林彈雨，每個人都有日常生活的平凡點滴。數分鐘的纜車車程轉眼即達，將兩者曾經的距離無限拉近，山上的貧民窟不再是自生自滅的孤島。

連接第13區的 J 線 Metrocable 共有四個站，方便沿途的居民往來。在抵達山上的 La Aurora 站前，我一直遠眺市中心的方向，市區的建築和景物越縮越小，變成玩具箱內的積木，又如遊戲中的模擬城市。這裡跟市區的距離比我想像中更遠，整個城市的城勢和形態，於頃刻間一目了然。索纜即使只有大約三公里的直線距離，但由山下到山上，沿途經過的千家萬戶，全都有血有肉，卻一直面目模糊。他們被邊緣化的生活和臉孔，是過往單單從市區的平地中無法看到的。

Hip-Hop 文化帶來轉化

我從 La Aurora 站步出，喜見過去惡名昭彰的第13區今天出乎意料地散發濃厚的文藝氣息。要改變社區，不獨是由上而下的政策，還需要本地居民自發組織的力量。今天第13區煥然一新，從無主之城搖身一變為旅遊景點，本地居民的自發參與實在功不可沒。過往第13區的困境，既在於貧窮，也因為無望。另一種文化的興起，可望抗衡原有文化的霸權和單一論述。一群本地藝術家，就希望以 Hip-Hop 文化衝擊黑幫文化的統治地位，為社區帶來本質上的轉化。

一群反對黑幫文化的 Hip-Hop 藝術家，連同青年服務的社工，於二〇〇二年成立了名為「La Elite」的網絡，商議如何善用專長，幫助區內青少年和改變社區。他們不僅創辦「非暴力革命」（Revolución Sin Muertos），藉年度音樂節宣揚愛、和平、歡樂和追求自由等 Hip-Hop 文化的核心價值。在這共同目標之下，Hip-Hop 文化學校如 4 Elementos Skuela 和 Casa de Hip Hop Kolacho 等，相繼成立。他們以實際的行動回饋社區，為青少年提供免費的教學，讓他們學習饒舌音樂、打碟、塗鴉、街舞四項主要的 Hip-Hop 呈現方式。除了教授相關的知識和技巧之外，更重要的，是著重傳承 Hip-Hop 精神，將這種源自美國基層黑人社區、抗衡幫派影響的街頭次文化，延伸並植根於此。身處暴力間，宣揚和平；置身無力中，堅持發聲；站在不義前，敢於叛逆；捲進荒謬時，活出真誠。即使活於地獄邊緣，仍有伸手觸向天堂的勇氣，正是他們所需要的。

以知名 Hip-Hop 團體 Crew Peligrosos 成立的 4 Elementos Skuela 為例，他們的成員不僅每天親自義務教授，更將個人薪金的10％捐出作營運之用。他們對 Hip-Hop 文化的熱情和投入，對社會的關懷和承擔，成為身處不利環境的青少年的榜樣。在親身見證出身貧民窟的恩師的成功之路後，也讓青少年看到未來的可能和希望。

自千禧年代開始，地區議會推行「參與式預算」的措施，鼓勵以民主參與的方法，決定每年5％城市預算的運用方式，一些文化和體育團體的地區計劃也因而受惠。青少年在相對安全和鼓勵性的環境下，得以持續地投入藝術和體育等專長，發揮天賦，減低其參與幫派的動機。在各界的推動下，青少年能夠以其擅長音樂和藝術等形式，為個人和社區發聲，甚至作進一步的社會參與。

以塗鴉凝聚和發聲

我參與的導賞團，正是由 Casa de Hip Hop Kolacho 所舉辦。透過本區年青人帶領導賞，不僅讓他們得以從合法正途賺取金錢，也鞏固其身分認同和歸屬感，並由他們自身去表述其個人與社區的故事，帶出新的論述。在導賞員的引領下，我被沿途的眾多塗鴉所吸引。正如哥倫比亞許多地方，包括首都波哥大在內，塗鴉被廣泛用在美化城市、凝聚社群、集體發聲和建構身分認同等意義之上。

嚴格來說，現時第13區大部分的壁畫並非塗鴉。在各界合作和協議之下，藝術家得以「合法」地在粉刷牆壁，作為其表達的平台。然而，塗鴉本質上總帶著叛逆，當民眾的聲音無法進入被操控的主流大眾傳媒時，在社區的牆壁上塗鴉，便成為無權力者僅有的表達途徑。塗鴉代表著對公共空間的使用權和民眾話語權的挑戰和爭奪。然而，現時第13區使用「塗鴉」形式的壁畫，也許在制度化之下正扮演另一種角色，卻不失其發聲的作用。

導賞員在一幅長長的壁畫前，為我們述說第13區的歷史。驟眼看來，這幅以文字作藍色背景的壁畫，畫有的烏鴉、飛鳥、大象和熊貓等，不失可愛，又或令人想到與大自然的聯繫。然而，細看之下，無奈的熊貓失卻右眼，三頭大象正悲痛落淚，每一隻動物都在揮舞白旗。背景的輕氣球，寫有二〇〇二年五月二十一日的字樣。這是關乎第13區的一段血腥歷史的記述。

第13區長年的無政府狀態和戰略價值，使其成為兵家必爭之地。在後巴勃羅時代，第13區因作為左翼游擊隊的勢力範圍，多次受政府軍事行動所襲。其中最嚴重的兩次，分別是二〇〇二年五月二十一日的「元帥行動」（Operacion Mariscal）和同年十月的「獵戶座行動」（Operación Orión）。

壁畫紀錄的，是「元帥行動」中令人動容的一幕。那夜凌晨，七百名士兵在坦克的支援下進攻第13區，直升機在空中胡亂掃射。居民只能瑟縮在床下，祈求不會被打進屋內的子彈所傷。軍警在沒有搜查令的情況下，擅闖民居、胡亂拘捕。區內的年輕男子，在孩子和家人面前被私刑以至殺害，一夜之間哀鴻遍山。一位母親為拯救被槍傷孩子，情急之下，在窗戶揮動白色床單，以表達停火與和平的渴求。片刻之間，整區的居民都在窗戶揮動上白色的床單、毛巾或衣服，成為終結是次慘劇的經典一幕。這次軍事行動造成包括三名孩子在內的九人死亡，三十多人受傷，五十多人被拘捕，許多人再也無法回家。

數個月後，最大規模的市內軍事行動——「獵戶座行動」展開。軍方派出近一千五百名士兵，在直升機、坦克和裝甲車等大型武器的配合下，將第13區重重包圍，連續三天日以繼夜地進行猛烈進攻，無數居民的家園頓成無差別殺戮的屠場。公權力機關為求目的，更不惜與非法武裝組織合作，對其私刑濫殺的罪行視若無睹。於「後巴勃羅時代」登上教父之位，綽號「Don Berna」的毒梟，在眾目睽睽之下，指揮其準軍事組織「AUC」與軍警「合作攻堅」，更是政府與之同流合污的鐵證。

游擊隊勢力被掃除後，Don Berna 被默許接掌本區，進行其暴力統治。第13區的居民，由一個極權被移交到另一個暴君之手，渴望中的和平、公義和法治遙遙無期。

根據人權組織的報告，「獵戶座行動」中，超過一百名與游擊隊毫無關係的無辜市民「被失蹤」。其後，在 Don Berna 和其準軍事組織統治下，對懷疑曾協助游擊隊的平民進行私刑和「清洗」。直到二〇〇四年準軍事組織被立法取締前，至少有二百多人被棄屍在區內名為 La Escombrera 的垃圾場內。

我在得悉殘酷的歷史後，壁畫中高舉白旗的動物，便在我腦海揮之不去，讓我久久不能釋懷。第13區內，以動物作為表達的壁畫多不勝數，我很喜歡其中一幅巨型的大嘴鳥。藝術家將文字完美地融入其巨大的嘴巴，令人驚艷。細看之下，這幅牆壁上竟有無數子彈孔，全都來自「獵戶座行動」中的直升機攻擊，血的印記，觸手可及。

造成生靈塗炭的多次非法軍事行動，成為第13區的集體創傷。如今十多年過去，受害人的家屬仍然真相未明。居民藉塗鴉和壁畫，記錄和轉化集體回憶，在人間煉獄中強調和平的願望和人性光輝，提醒世人當年的慘劇之餘，也繼續組織受害人討回公道。無論過去多久，那些代表政權屠殺平民的日期數字，我們一生都記得。

壁畫既記錄歷史，也敘述重視的元素和價值觀。在社區轉化的過程中，也並非一帆風順，甚至曾發生數名 Hip-Hop 領袖被黑幫射殺，大量相關人士逃離的情況。然而，他們並沒有選擇以暴易暴，而是以壁畫紀念被殺的領袖，並強調對和平與非暴力的追求。居民還製作花圃，紀念過去因暴力事件而喪生的眾多受害者。

另一幅我較深刻的壁畫，則是關於種族平等。畫中主角，是一位額頭上有鑰匙孔的少年，在他黑色的臉皮底下，是肌肉和骨頭，展示無論任何膚色，骨子裡彼此都一樣。而代表哥倫比亞國旗三色的三隻小鳥，更將鑰匙送到少年的手上，寓意明顯。

色彩豐富的噴漆、創意無限的構圖、寓意深長的人物，壁畫為昔日鬱悶的橙色磚牆社區，添上生氣，也確立新的身分和個性。正如一幅畫有從貧物窟建築物中「出生」人物的壁畫，上面所寫的「力量就來自你自身」（La Fuerza Esta En Ti）一樣，以能力為本的角度推動社區發展，讓居民發現並發揮屬於自己的優勢，自然鏗鏘有力。

上下參與

於纜車系統建成啟用後，城市規劃師並沒有停下步伐，圖書館、體育館和學校等紛紛落成或修建，讓以往被忽視的貧民窟居民，重新感受政府的重要性和作為公民的權利。另一個重要的交通項目——登山扶手電梯，亦於二〇一一年投入服務。讓我驚喜的是，這些戶外扶手電梯，不僅建有上蓋，甚至還有冷氣系統和音樂設施。這條分為六節的扶手電梯，將過往相等於二十八層樓的高度濃縮為六分鐘的時間，進一步將第13區與市區連接，讓居民上學、工作和參與文化活動的意欲大增，也讓如今的第13區，成為遊人絡繹不絕的旅遊點。

今天麥德林的謀殺率和犯罪率已比高峰期大幅減少，其昔日惡名漸漸被創意和活力所取代。麥德林於二〇一六年獲得「李光耀世界城市獎」，國際媒體更將其蛻變過程形容為「麥德林奇蹟」，第13區則堪稱「奇蹟」的象徵。

「麥德林奇蹟」或有過於美化之虞，但其轉變確是讓人鼓舞。事實證明，過往第13區的矛盾，不過是哥國整體社會問題的縮影。武力鎮壓無法解決貧窮和不公的問題，數十年前所謂「麥德林羅賓漢」的傳說，不過是政府腐敗與不作為的投射。與其相信地下君王以個人利益和喜惡建立的「秩序」，重建健全的制度和各界共同參與的連結，才是改善治安的根本。就如是依賴黑金的「毒梟足球」，雖曾打造一時的高峰，但始終無法維持盛世。

導賞過後，我坐在扶手電梯旁的長椅，在熙來攘往的人群中稍稍歇息。背景音樂是我聽不懂的饒舌說唱，眼前有幾位青年作高難度的街舞表演，遊人在滿街壁畫前追逐或拍照。我呷一口哥國出產的咖啡，味道好像沒以往那樣苦。

博特羅與和平之鳥

社會轉變，需要幾代人的共同努力。許多來自麥德林的名人，都在個人的專業範疇中，為家鄉的和平盡其綿力。「雷鬼王子」J Balvin曾表明避免以哥國的暴力史為作品題材，以免加強對國家的負面標籤。國際知名的歌手Juanes不但多番關注內戰的受害者，更與社會學家Catalina Cock創立基金會Mi Sangre Foundation，致力培育青少年，推動國內的和平文化。若要數算愛國名人的代表，也許眾說紛紜，但凡到訪麥德林的人都不可能忽視的，就是蜚聲國際的國寶級藝術家博特羅（Fernando Botero）。

離開第13區後，我乘坐地鐵回到市中心，在San Antonio站下車。只需數分鐘的步距，我便看到外型醒目的文化宮（Palacio de la Cultura Rafael Uribe Uribe）和旁邊的博特羅廣場。

我來到博特羅廣場，這裡安放著二十三座由他親自捐出的青銅雕像作品。即使對博特羅毫不認識的人，想必也曾見過他的作品而不自知。由於他不時以體積作為其藝術表達的方式，因此他所創作的人物往往形態飽滿，以極端的體積和比例聞名。博特羅的作品是親切的，不僅是因為它們形象可愛，更是因為與民同樂。身穿透視黑紗的女子倚著小狗銅像等待、頭戴鴨舌帽的紅衣男在「騎牛的女人」下通電話、年邁的兩口子坐在對望的「亞當」「夏娃」間聊天、路過的遊人「輕薄」躺臥著的「鏡子的女人」的臀部。這些展現獨有曲線美的雕像，已完全地融入麥德林的群眾之中，成為本地生活的一部分。

長久以來，博特羅的藝術作品，都是以別樹一格的「肥胖」造型見稱，跟哥國的社會實況鮮有拉上關係。直到千禧年初，博特羅似乎終於「醒覺」其社會責任。說的不是他將數百件個人作品和藝術收藏，慷慨捐贈予波哥大和麥德林的博物館，讓它們得以在家鄉展出；而是他創作出名為「哥倫比亞之痛」（El dolor de Colombia）的一系列作品，以回應哥國內戰和暴力氾濫等種種荒謬。

他在《Carro bomba》中，以沒有人物的汽車炸彈，暗示襲擊無處不在。《Una madre》是描繪一位傷心欲絕的母親，在緊閉的棺木前泣不成聲。在《El Desfile》那不成比例的小鎮中，倖存者抬出彷彿永無休止的棺材，幾乎將畫面填滿。《Masacre en Colombia》更是直指哥倫比亞在長年暴力下的大屠殺中屍橫遍野。

博特羅在哥倫比亞土生土長，但成名後多數時間在外國生活，每年只有大約一個月回到哥國。他的作品題材廣泛，但卻較少描繪國內的衝突，「哥倫比亞之痛」是他首個以此為題材的系列作品。到底是甚麼令這位大師，重新重視並呈現毒梟時代下的暴力和社會問題呢？

我在不遠處的聖安東尼奧公園（Parque San Antonio），試圖尋找答案。眼前是兩座體積相同的青銅「鳥兒」，兩者相距三米，左方的腸穿肚爛，右邊的完好無缺。牠們之間的故事，也是屬於哥倫比亞與博特羅的故事。

從前，只有一隻「鳥兒」安坐在公園內，靜看遊人散步、孩子追逐、情侶談心。

於一九九五年六月十日傍晚，公園正舉行音樂會，「鳥兒」如常伴著舞動的群眾，不以為然。突然之間，巨聲一響，被藏在「鳥兒」下的炸彈發生爆炸，造成二十三人死亡、二百多人受傷。事後，左翼游擊隊 FARC 承認責任。游擊隊企圖以炸毀博特羅雕塑的恐怖手段，對其兒子兼時任國防部長 Fernando Botero Zea 施壓，迫使後者推動政府與游擊隊的和談。

有說，這件事激發起博特羅正視哥倫比亞的暴力問題。當博特羅重回案發現場，看到心血作品被炸得面目全非，隨即決定重新為麥德林打造新的「鳥兒」，條件是必須保留被炸毀的原作。「鳥兒」肚子的破洞成為傷痛的證據，牠的腳下刻有爆炸案受害者的名字，以作紀念。牠身旁的新「鳥兒」則成為「和平之鳥」，象徵藝術家堅拒向暴力低頭，也代表國民追求和平的共同願望。

自左翼游擊隊六〇年代湧現至今，雙方曾多番嘗試議和不果。哥倫比亞受內戰之苦逾半世紀，期間至少二十二萬人喪失生命，超過七百萬人痛失家園，非人道罪行不計其數，幾代人失去希望和未來。戰火禍延至今，再無正義之師，更無人獲勝。

二〇一六年，時任哥倫比亞總統桑托斯（Juan Manuel Santos）與FARC最高指揮官隆多尼奧（Rodrigo Londoño）達成全面停火協議，並簽下《卡塔赫納和平協議》，正式解除武裝，由武力抗爭轉為政治參與，象徵內戰結束的和平時代終於來臨。

足球新一頁

數十年的內戰與衝突，讓暴力滲透在哥國的每處角落，其深遠影響，並非單純以打擊罪案、取締組織或一紙和約可以解決。痛失摯親、好友被殺、家園盡毀，無數人的創傷難以癒合。在鄉郊或貧民區，許多兒童及青少年，或因被游擊隊俘虜，被迫投身戰線，或因被毒梟吸納，成為黑幫殺手。他們在殺戮、剝奪、壓榨和復仇等環境下生活，難免產生扭曲的價值觀。因而，在追求和平的路上，重建心靈和修補社會撕裂也同樣重要。在過程中，無論是教育、業餘或職業，足球也找到自身的角色和貢獻。

正如安德烈斯所言，「生命不會在此終結」，於黑暗的日子中，唯有團結奮勇向前，才能等到黎明的曙光。在邁向和平的崎嶇路上，足壇都有人繼承遺志，為他的生命走下去。

自二〇〇三年起，聯合國兒童基金會（United Nations Children's Fund，UNICEF）便與國際組織及哥國各界合作，推動名為「Golombiao」的計劃。Golombiao是在足球基礎上加入特定規則的足球賽，並以此作為主體媒介，達至「宣揚和平、非暴力及性別平等」、「建立社會資本」和「推動社區參與」等目標。計劃的主要對象為受內戰和衝突影響的兒童及青少年，包括直接受害人、參與者和最弱勢如少數族裔和原住民社群等。

Golombiao的重點是在於賽前協議和賽後解說。兩隊球員於賽前需根據七大原則，包括非暴力、互相照顧、保護環境、言論自由、非歧視、積極參與和公平，共同協議比賽的規則。例如「無論哪隊入球，全體都會祝賀入球者」。比賽採取男女混合制，且兩隊的首名入球球員必須為女性，其後入球者的性別需為「梅花間竹」

式。賽事不設球證，只有熟悉 Golombiao 理論的「賽事顧問」（Game Advisor）。賽後雙方成員和賽事顧問一起檢討和解說球賽過程，討論集中在共同協議的實踐和個人成長，並在其後參與電影討論和工作坊等一系列活動，探討社會議題。

Golombiao 沒有輸贏之分，因而也不須球證。透過鼓勵兩性參與，所有人都可以共同享受足球，且挑戰「能力至上」的概念。足球不止於競爭和賽果，而是共同經歷和一起參與的過程。Golombiao 的設計旨在回應長期受暴力壟斷的社會，讓參加者在過程中學習理解差異和消弭糾紛，提升尊重、平等和人權意識，並期望培育青年領袖，長遠改變社會的意識形態。

除了長遠的價值教育，也有人正面面向衝突。人權律師 Félix Mora 成立「足球與和平基金會」（Fundación Fútbol Y Paz），積極促進和解，並於二〇一七年成立「和平足球會」（La Paz Fútbol Club），建立一支由衝突各方和受害人組成的球隊。「和平足球會」的遴選準則，既考慮球員的能力，也顧及他們與衝突的關聯，不論是前游擊隊、武裝分子、軍人或當中的受害者。球會希望成為社會的楷模，即使昔日兵戎相見，仍可化干戈為玉帛，在新的身分下重新出發。

「和平足球會」現時位於波哥大市郊 Soacha，正參與首都的業餘聯賽，亦曾出席世界和平論壇。球會經常到深受衝突影響的地區進行友誼賽，並發現不少具天賦的青少年，因內戰和治安的關係，欠缺投身職業足球的機會。然而，球會雖然得到官方支持和包括前總統桑托斯在內的私人贊助，但亦承受反對聲音和負面標籤，甚至被職業聯賽賽會以「足球不涉政治」為由，阻撓其加入。雖然如此，球會表明不會放棄晉軍職業聯賽的目標，既為隊內成員圓夢，更希望提升影響力，將理念宣揚。

除「和平足球會」外，衝突各界於和約簽署後，更藉二〇一八年世界盃之機，相約一起看國家隊賽事，並舉行友誼賽。這場由前 FARC 游擊隊領袖、前 AUC 武裝組織領袖、軍人、球星、第13區的年青受害者等共同參與的友誼賽，不僅具歷史意義，也讓各界在賽後互相聆聽，象徵共同為哥倫比亞團結的決心。

職業聯賽方面，政府通過「足球法」（Ley del Fútbol）和「十年足球計劃」（Plan

Decenal de Fútbol）等，期望改善非法組織滲透職業足球、球場暴力等情況。百萬富翁球會於二〇二一年表示將「毒梟足球」年代的兩個聯賽冠軍「歸還」，期望撥亂反正，走出歷史污點。

國民體育會更於二〇一六年，登上球會歷史高峰。他們雖然失落聯賽錦標，但在國內先後奪得哥倫比亞盃、哥倫比亞超級盃冠軍。球會真正的收穫來自洲際級賽事，他們於七月率先在南美自由盃掄元，自一九八九年後再度成為南美王者，其後於十一月殺入南美球會盃決賽，爭取包攬兩大洲際賽事的王座。[3]

國民體育會磨拳擦掌，期望囊括兩大桂冠，再創歷史。另一邊廂，他們的對手查比高恩斯（Chapecoense）則首次打進賽事決賽，戰意亦無容置疑。可惜，一場舉世震驚的空難，幾乎讓一切化為泡影。查比高恩斯前往麥德林的飛機，在抵達前

3 南美的洲際球會級賽事，分別為最高級別的南美自由盃（Copa Libertadores de América）和次級賽事南美球會盃（Copa Sudamericana）。跟歐洲的賽制不同，南美球會可在相同賽季同時參與兩大賽事。

意外墜落，機上乘客七十一人遇難，只有六人生還。

事件讓足壇和南美一片哀痛。於原定比賽當天，麥德林市政府和國民體育會，在球場為意外死難者舉辦紀念儀式，逾四萬人出席，共同哀悼。國民體育會主動要求南美足協，將應屆冠軍直接授予遭逢不幸的對手，前者亦因而獲得南美足協世紀公平競技獎（CONMEBOL Centenario Fair Play）。翌年，兩隊因南美球會超級盃（Recopa Sudamericana）再度交手，國民體育會和球迷們在主場充分地展示對查比高恩斯的支持。[4] 直至今天，Atanasio Girardot 球場附近，仍有鼓勵查比高恩斯的壁畫。

多年以後，國民體育會代表哥倫比亞足球，擺脫「毒梟足球」之名，堂堂正正登上南美之巔，並以人性光輝和體育精神，贏盡掌聲。

彩虹河再現

「混戰時代」終結，局勢轉趨穩定，也讓隱世秘境的「彩虹河」再現。被稱為彩虹河的 Caño Cristales，位於哥倫比亞深處，過往長期為游擊隊佔據範圍，直至近年才重新開放。

彩虹河被稱為「從天堂流出的河流」，從高空鳥瞰，確是猶如流體畫的顏料傾瀉大地，在叢林間留下長長的一筆。在彩虹河三天的旅程中，我往來上下游不同的位置，無時無刻都充滿震撼和感動。在清澈見底的水流中，竟混有紅黃綠藍各色，令人嘖嘖稱奇。

4 南美球會超級盃（Recopa Sudamericana）的制度和性質，與歐洲超級盃（UEFA Super Cup）相近，由應屆兩大洲際球會級賽事盟主對決。由於國民體育會已於二〇一六年七月奪得南美自由盃，而南美球會盃則於十一月決賽前的空難後直接授予查比高恩斯，故兩隊各以冠軍身分於二〇一七年上旬對賽。

彩虹河的秘密，在於長滿河床的的奇妙植物——「瑪卡蓮娜」（Macarenia clavigera）。瑪卡蓮娜不僅是此處獨有，更會在不同的位置和環境下，呈現各種顏色。陽光充足處，她化身一縷紅紗；時晴時陰處，她變作一條黃巾；日照罕至處，她就是一幅綠布。她是粉紅、紫紅，也是橙黃、梅黃，亦是碧綠、墨綠，她跟湛藍河水、啡黑岩石，形成醉人的圖畫。溪澗的上下游，水流或洶湧、或湍急、或涓涓，她時而成為地毯，時而猶如棉花，以柔隨剛，既植根水底，又隨水舞動。世上竟有如此神奇美麗的景色，這是人間仙境般的夢幻！

我突然想起一位哥倫比亞朋友說過「我們的國家，不止毒品和暴力。」不禁令我想起多年前伊朗朋友說「我們不是恐怖分子」。或者哥倫比亞，確實存在魔幻的特質，就是她誇張得難以置信的真實。這個國家既曾有游擊隊佔據半壁江山、大毒梟隻手遮天，但也同時存在人性光輝和自然奇觀，重要的是看到她不同的面向。顯然，今天的哥國絕非天堂，仍然被不少問題所困擾，游擊隊尚存、黑幫還在。然而，哥倫比亞的美麗，並非在於她變成完美的國度，而是許多人傾力盡己、推動改變。

在炎熱的天氣下，我每天都跳進「彩虹河」，與瑪卡蓮娜暢泳。當我潛下水底，細看這一株株植物，憑其幼小的根莖牢牢抓緊土地，在湍急的水流下生存，都感到非常神奇。拉美人的智慧是活於亂世下，與荒謬和不公義共存，而又永不妥協。這些溫柔堅韌、多姿多彩的瑪卡蓮娜，其實就是在不同範疇展現色彩的哥倫比亞人。

扶手電梯和纜車系統有得其所，大大改變第13區的面貌和命運。

不少第13區的壁畫都帶有自強和希望等正面元素。

「和平之鳥」背後的故事被視為博特羅對祖國關愛的覺醒。

瑪卡蓮娜強韌的生命力與多姿多彩，正是哥倫比亞鮮為人所見的魔幻特質。

雖然足球未必是主角，但也無所不在。

博特羅的作品風格獨特。

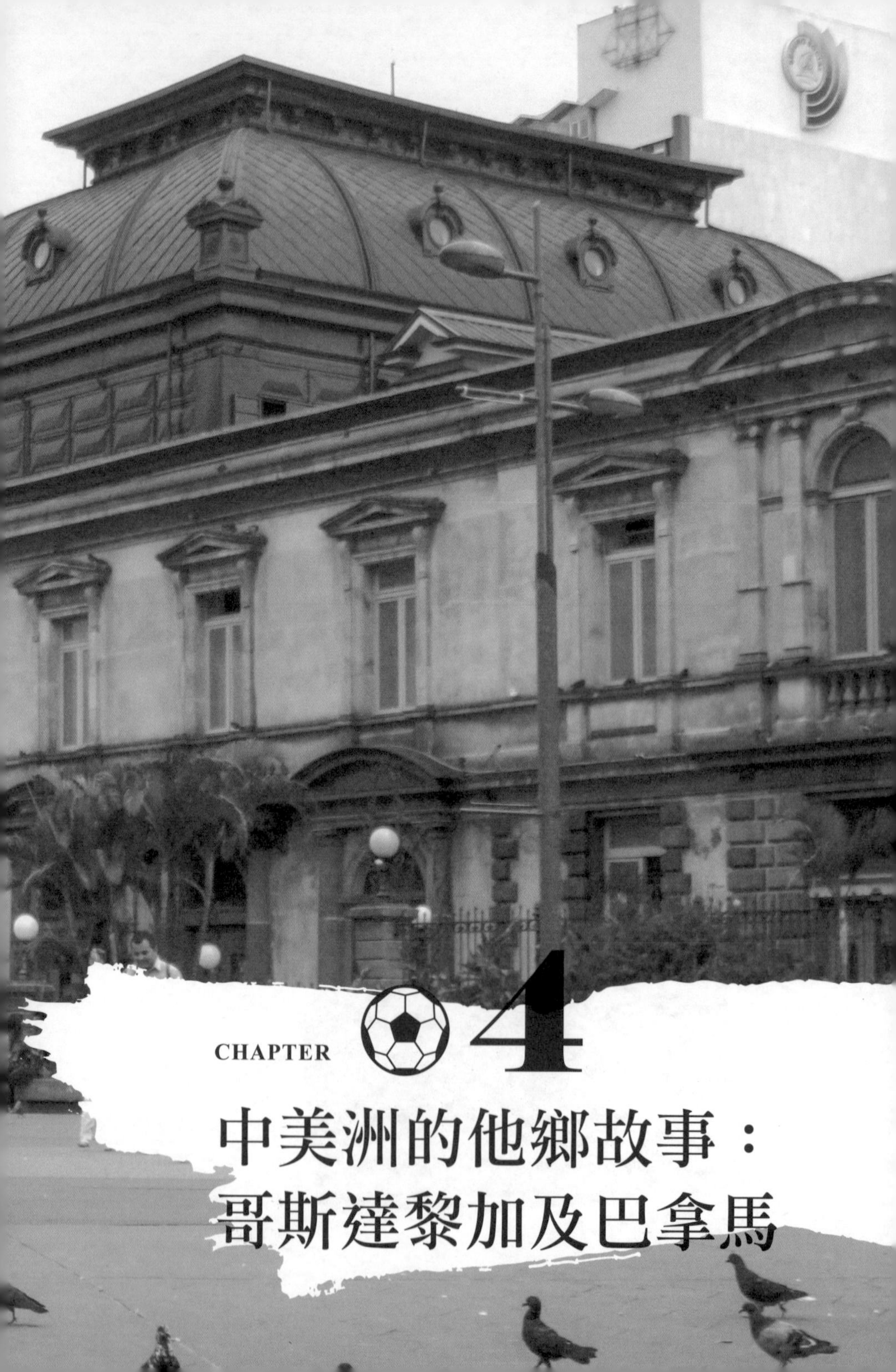

CHAPTER 4

中美洲的他鄉故事：哥斯達黎加及巴拿馬

為甚麼哥斯達黎加國家球場由中國出資興建？

哥斯達黎加，對香港人而言，是一個陌生名字。也許部分熱愛足球的朋友，能說出鄭兆聰、「神奇教練」米路天奴域（Bora Milutinovi，台譯米盧蒂諾維奇）、基羅拿華斯（Keylor Navas）、祖爾甘保（Joel Campbell）和雲祖柏（Paulo Wanchope）等名字。[1] 除此之外，對哥國的認識似乎寥寥可數。足球果然是認識世界的一道鑰匙，在到訪中美洲之前，我也不過如此。至於鄰國巴拿馬，更是隨巴拿馬運河以外，則一竅不通。或許台灣的朋友，在中美洲的認知上，會比香港人全面，至少他們有此需要。

又一個小國傳奇

直至二〇二一年，哥斯達黎加曾五度晉身世界盃決賽周，包括一九九〇年在米路天奴域帶領下，首次亮相，就成功突破分組賽。二〇一四年，他們的表現更是一鳴驚人，在「死亡之組」中力壓傳統勁旅烏拉圭、意大利和英格蘭首名出線，成為當屆八強分子。國家隊的優異成績，令哥斯達黎加聲名大噪，許多人對這小國的成功因素感到好奇。

我從巴拿馬乘巴士過境，抵達哥斯達黎加的首天下午，大約二、三時左右，突然風雲變色、傾盆大雨，跟上午的晴空萬里相去甚遠。我待了幾天之後，才明白這是熱帶地區於雨季常見的天氣，對本國的氣候和生態的敏感度增加。

1 鄭兆聰：香港人，幼年隨家人移民哥斯達黎加，後來回流香港，曾多次代表香港足球代表隊出賽。現已退役，轉任足球教練。

中美洲土地狹長，猶如牽著南美與北美兩大洲分的一雙小手。她東臨大西洋，西岸則為太平洋，有著重要的戰略地位，也因而迎來其坎坷命運。中美洲整體位於熱帶地區，農業為主要經濟活動，出口的農產品以咖啡、香蕉和棉花為主。

在中美洲七國之中，以哥國的旅遊業最為發達，其生態旅遊發展得有聲有色，國內有熱帶雨林、雲霧森林、濕地、火山和海岸等豐富資源，加上可持續發展的概念成熟，每年吸引不少海外旅客。哥國在貧窮混亂的中美洲鶴立雞群，在政治、經濟、教育、治安及自由度等各方面都一枝獨秀，被稱為「中美洲的瑞士」。

我來到首都聖荷西（San José）後，著手準備對國內球會和足總的訪問，期望以足球的角度，更深入了解本國。跟大部分香港人一樣，我從來沒有接觸過中美洲的球會，只好依賴網上搜尋，再冒昧拜訪。哥國的球壇，主要由三大班霸爭雄，分別是首都球會薩普里沙（Saprissa）、位於 Alajuela 省的阿拉祖蘭斯（LDA, Liga Deportiva Alajuelense）以及 Heredia 省代表希雷迪亞洛（Herediano）。[2] 作為最受歡迎和壟斷國內聯賽的三家球會，在大街小巷也能見到其球衣或紀念品出售。其中最前者被視為國內最成功的球會，其出色青訓系統多年來為國家隊提供不絕的人才。

訪問 LDA 與哥國足球成功之道

適逢遇上 LDA 進行中北美洲及加勒比海聯賽冠軍盃（CONCACAF Champions League）的主場賽事，我便提早前往其所在的 Alejandro，進行訪問和觀看球賽。我來到 LDA 的球場 Estadio Alejandro Morera Soto，紅黑橫間的外觀甚為醒目。我表明身分和來意後，成功得到接待，領著訪客證進入球會內部。雖然彼此的言語溝通有困難，但球會上下的職員都甚歡迎我，球會經理找來其中一位略懂英文的男職員協

2 由於廣泛和普及性的考慮，本作中的球會中文譯名主要參考香港賽馬會，唯後者不少的音譯譯名與西班牙語發音不符。在某些情況下，本作傾向於文中採用其原有名稱。

助翻譯，雖然效果未算完美，但也成功藉訪問進一步了解本國和其足球發展。

綜合訪問和大量的資料搜集，我終於了解本國足球的成功要素，大致為足球層面和社會層面，但兩者當然緊密相連。

中美不少國家如巴拿馬、洪都拉斯和尼加拉瓜等國棒球盛行，但哥斯達黎加則全然不同，足球是絕對的第一運動。根據《足球經濟學》（Soccernomics）中指出二〇〇六年國際足協曾就各國踢足球的人口比例作出統計。儘管書中明確表示，這個調查的準確度值得商榷，但至少仍有一定的參考價值吧？在統計中，哥斯達黎加以27%高據榜首，即是全國每100人之中，就有27個人踢足球，冠絕全球。

這個數據會否誇大其詞？據報導，在人口大約四百六十萬的哥國，已有逾二百五十個註冊球會，註冊職業球員逾五萬人，比例高得驚人，似乎也佐證該調查具一定的可信性。而這個「踢足球人口比例最高的國家」對足球的熱情自然不會低。二〇一四年世界盃外圍賽的主場賽事中，入座率平均高於九成。至於每逢決賽周的國家隊賽事，更在總統的支持下，宣布全國放「睇波假」兩小時，名副其實的全民足球。

在全民足球的基礎下，配合國內健全的青訓系統，自然事半功倍。LDA的經理表示，哥國的孩子從四歲開始，便已開始接受正規足球訓練和比賽。他帶我參觀球會內的相片，分別是不同年齡組別的隊伍奪冠留影。他表示哥國內的職業球會、足球學校以至高中，都能為孩子提供專業的訓練，四至十歲的孩子每個周末訓練一課，十歲以上則更是每天一課。

孩子在各年齡組別中，不僅學習足球技術和戰術，更藉多年的比賽經驗，磨練心理質素、擴闊視野。在哥國足總的財政資助下，參與訓練的孩子不僅不需擔心訓練費用，甚至可享有低額津貼、免費膳食和足球裝備等，讓不同社會階級的孩子都可安心發展其足球天賦。

出色的青訓也需要有職業足球承接。健全的合約制度，讓青訓年輕球員成為奇貨可居的生意，球會既可在轉會時收取培訓費用，出售優秀球員甚至可獲巨額轉會費。球會擁有培訓人才的動機，小球員也看到個人的出路。以在LDA等傳統三強效力的球員以言，月入大約為二千至一萬美元，即使在小球會也可以達至月入二千美元，對青少年而言，不失為可投身的職業，至少不需像香港球員般，因為收入太低而需身兼數職。

LDA經理以本隊為例，現時的陣容中，只有兩位洪都拉斯外援，本土球員有足夠機會上陣作賽。而Saprissa更是自二〇〇三年起，只採用本土球員。整個聯賽有90%為本國球員，有利青訓和足運發展，也為國家隊提供足夠的人才。

於這種種足球因素和背景之下，哥國的足球土壤終迎來開花結果的一日。在哥倫比亞籍領隊賓圖（Jorge Pinto，台譯平托）長達四年的帶領下，球隊的戰術執行和默契等漸見成熟，加上少部分在歐洲發展的球員注入高水平聯賽的經驗，令國家隊得以在二〇一四年世界盃賽場上大放異彩，甚至一鳴驚人。

然而，更重要的是，造就哥國足球土壤的社會因素。哥斯達黎加在拉丁美洲而言，是罕見的政治較為穩定的國家。面對許多拉美國家的難題，哥斯達黎加似乎甚有前瞻性。二戰後哥國經濟起飛，但經歷七、八〇年代的經濟衰退的教訓後，便致力進行產業重整，減少對單一經濟作物的依賴，趨向多元化經濟。近年哥國改變傳統過度依賴農產品如香蕉和咖啡等出口，大力發展電子產業和旅遊業，減少國際市場上單一產品價格浮動的打擊，加強國內經濟的穩定性。

更有甚者，一九四九年哥國通過憲法廢除軍隊，成為全球第一個正式廢除軍隊的國家，讓其他軍人干政頻仍的拉美國家望塵莫及。哥國無須兼顧軍事開支，將資源專注投放在民生所需，推行全民免費教育和全民醫療保障之外，也注重社會福利如失業保險、養老金和住屋津貼等。政府在環保議題上的重視，除了讓其生態旅遊得以可持續發展，也令經濟發展、自然保育和百姓生活質素得以平衡。哥國整體的貧富懸殊問題並不嚴重，種族多元的氣氛融洽，加上經濟和政治穩定，社會治安在中美洲中最為理想。

關顧民生、民主、自由和公義的制度，百姓安居樂業，政權自然無需為「維穩」操心，人民也可以暢所欲言。無怪乎，哥斯達黎加在全球快樂報告（The World Happiness Report）中長居世界前列之位。

晚上七時許，我迎來我在中美洲的首場現場足球賽。（可惜的是，由於其他國家的治安惡劣，這也是我中美此行唯一的一場球賽了）由主場的 LDA 對陣巴拿馬球隊 Chorrillo。我在看台時才感受到這球場的面積很小，原來只能容納不足一萬八千人。開賽前，兩隊球員進場，主隊球迷高歌歡迎。雖然球場沒有坐滿，但氣氛良好，球迷們不停地唱歌，在我跟前的女球迷更是經常振臂高呼。

對面的看台則有較多狂熱球迷，他們的歌聲和動作較大，附近也有比較高的圍欄，也讓我見識這裡喝倒采或謾罵對方球員的文化。開賽前，突然下起雨來，旁邊的球迷為毫無準備的我遞上雨傘，一起舉傘，一起的撐，信念與投入不減。

LDA 完全控制戰局，Chorrillo 只能依靠零星的邊線突破，但無法真正的構成威脅。LDA的攻擊多以傳球為主，少有技術性突破，組織亦是創造力欠奉，僅為「最正路」的傳球，也未見個別球員有閃耀演出。主隊的攻勢頗為依賴左路的10號球員，而客隊的攻勢更是大都過不了半場，全場捱打，狀甚可憐。雖然球迷仍舊投入，但無可否認比賽的水平不算高。較深刻的是LDA的前鋒的一球單對單機會，基本上他只需要急停轉身，便可呈單刀之勢，但意識有餘，卻技術不足。

因為需要趕車回首都，我未看畢全場便要離開了。有趣的是，在車站等車的人，不論男女，仍圍著小店，隔著玻璃，把握那幾分鐘地看本賽的直播。真不愧是最受歡迎的運動！也許正是這份對足球的熱情，讓哥國的足球水平，一度拋離同屬中美洲經濟較佳國家的巴拿馬。

巴拿馬的感人足球故事

至於巴拿馬的足球故事，也不乏傳奇色彩。也許是受到美國的影響太深，長久以來，巴拿馬最受歡迎的運動是棒球，其次要數拳擊，足運的發展只是載浮載沉。雖然國家隊早於一九三八年便已成立，但戰績一直都是慘不忍睹。相比大部分拉美國家，一九八八年才有國內的職業足球聯賽亦是起步遲緩。

然而，成績不是一切，足球的意義遠不止於競賽。「巴拿馬足球之父」史達普（Gary Stempel）深耕細作，親身印證這一點之餘，也成就一個傳奇故事。史達普的父親是巴拿馬人，母親則是英國人，年幼時隨母親回到倫敦生活。他於八〇年代，在倫敦球會米禾爾（Millwall Football Club）負責社區開拓的外展工作（Pioneering community football scheme），對處身不利環境的年青人尤有承擔。他相信在發展中國家的年青人有更大的需要，便毅然回流巴拿馬，開辦足球學校和青年學院。

巴拿馬在風光背後，社會問題一直嚴重，尤其是作為連接哥倫比亞和美國之間的毒品中轉站角色，令該國飽受毒品、幫派和暴力問題困擾。史達普集中在貧民地帶推廣足球，希望透過足球，讓貧苦孩子得到教育和訓練的機會，增加人生的選項。對許多來自破碎家庭、心靈受創的小球員來說，史達普不僅是他們的足球教練，也成為教育他們「做人」的父親角色。他與年青球員同甘共苦，不僅不時自掏腰包，一次帶隊到洪都拉斯時，更幾乎與全隊一起露宿街頭。對於不少曾經叛逆，後來成為國腳的球員來說，史達普是他們的「安西教練」。[3]

史達普其後任教國內球會 San Francisco 和 Panama Viejo，並取得成功。此後，他得以帶領 U20 和 U23 國家隊，並於二〇〇三年首度為這支國家打進世青盃決賽周。自此，足球在巴拿馬漸受注目，地位也開始提升。擢升為國家隊領隊後，他更於二〇〇九年，帶領球隊在中美洲國家盃（UNCAF Nations Cup）封王，奪得巴國

3 著名日本籃球漫畫《Slam Dunk》（灌籃高手）中，誤入歧途的三井壽重遇伯樂兼恩師安西教練後，跪地痛哭並重拾籃球，此一幕堪稱經典場面。

屹今唯一一個國際賽錦標。領軍生涯的成功，沒有讓他忘記初衷，他始終相信足球能夠幫助弱勢。他以個人的聲望，繼續推行多個面向社區或弱勢的計劃。他與政府和聯合國兒童基金會合作，為參與群黨的年青人提供運動、教育和工作機會。與此同時，他推動以足球賽凝聚社區，消弭幫派之爭，實行「化干戈為足球」。他還說服執法部門和政府，推動舉行「巴拿馬監獄足球錦標賽」，希望改善在囚人士生活，並為更生服務添加新元素和動力。

二〇一八年俄羅斯世界盃，巴拿馬終於成為第四支奪得世界盃決賽周入場[4]的中美洲球隊。他以神秘嘉賓的身分，見證曾經帶領的子弟兵的首場世界盃正賽，他淚流滿面的一刻，賺人熱淚。雖然球隊在小組賽三戰皆北，但正如時任總統 Juan Varela 所言，國家隊晉身世界盃，已為國內處於不利環境的孩子樹立榜樣，這不單是球場上的勝利，也是邊緣社區的勝利。這位德高望重的「外展之父」，實在令人肅然起敬。

華人聯繫

我在聖荷西（San José）的沙發主是來自中國的 Paul 和他的同事 Serena，兩人都是來哥國教中文的。他們的居所甚為舒適，樓下設有保安和酒店一般的大堂，應該算是較高級的住宅，更是全城最高的建築物。在寄住的日子，我跟他們分享我的旅程，也對於他們來到哥國發展的故事甚有興趣。從他們的分享中，雖沒有官方式的「發展機遇」等詞彙，但仍可見哥國與中國近年走近的影響。

這是我首次住進中國沙發主的家，感覺跟與其他國籍的沙發主相處很不同。在我離開之前，為鼓勵宣稱要備戰「中國好聲音」的 Paul，我要求他為我們表演自彈自唱。我還特意設置旋轉椅，模仿節目中的老師按鈕選隊員的環節。沒想到從一開

4 中美洲七國首次打進世界盃決賽周的屆別分別為：薩爾瓦多一九七〇年、洪都拉斯一九八二年、哥斯達黎加一九九〇年和巴拿馬二〇一八年。

始，我的哥斯達黎加主題就是「華人」了。

在準備訪問哥國足總的過程中，我發現時任足總主席 Eduardo Li 是一名華人。這當然引起中國傳媒的廣泛興趣，尤其在世界盃佳績之後，紛紛以「華人之光」等理由攀附一番。（李主席於二〇一五年因涉嫌受賄被捕後，又當然地跟中國毫無關係了……）根據報導，Eduardo Li 在本國出生，父母是來自廣東的移民。這位生意人發跡後，收購一家小球會，到後來成為足總主席。他不諱言擠身足球壇，是為了晉身上流社會。他本身不懂中文，但（至少在中國媒體面前）強調自己的中國血統和身分，甚至期待中國足球強大的「中國夢」。

由於足總遲遲未有回覆我這「小薯」的訪問要求，我只好主動往碰碰運氣。根據 Paul 的網上搜尋，我前往據說是足總辦公室所在的，名為 Parque Metropolitano La Sabana 的公園去。到達公園後，卻發現那座陳舊荒廢的建築物不可能有人，只好往園內的哥斯達黎加國家體育場（Estadio Nacional de Costa Rica）去碰運氣。

拉美的各個球場的中文譯名往往讓我苦惱不已，但我對於這個球場的譯名非常有信心，因為在球場外已有大大的簡體字，寫著「中国援助哥斯达黎加体育场」。球場位於公園的一隅，於我未到達前，已見其倘大宏偉的外型。球場附近的草地，有家庭在耍樂，也有本地人在踢足球。

這個現代化的球場於二〇一一年建成啟用，可容納三萬五千人，遠超國內其他球場。正如那些簡體的大字標題所述，這個造價逾一億美元的球場，為中國全資興建，慨贈予哥國的一份大禮。球場的揭幕戰，更是由 Eduardo Li 主持開幕儀式，哥國和中國進行的一場友誼賽。中國政府大手筆的「饋贈」，當然不會因為區區一個華僑後裔的影響力。

一切都是政治，也是國際關係。中華民國政權遷台後，開始在國際上失勢，其「中國」地位漸被中華人民共和國所取代。中美洲作為「美國的後院」，諸國長期受美國干預。自從美國與北京建交後，中美洲和加勒比海地區，成為美國默許的，中華民國外交關係上的最後堡壘。九〇年代起，中美洲七國皆與中華民國保持邦交國關係，此地區對於台灣政權至為重要。

然而，隨著美國減少對拉美的經濟援助，對美國外資極為依賴的中美諸國，遂將目光轉向「大國崛起」的中共。二〇〇七年，哥斯達黎加率先與中華民國斷交，轉投北京政權的懷抱，並於二〇一一年旋即簽署兩國自由貿易協議，張開雙手迎接金元大國。有了前者之鑑，巴拿馬、薩爾瓦多和尼加拉瓜分別於一七年、一八年和二一年先後與中華民國斷交，前者更爭先恐後地加入「一帶一路」，加速扭轉兩岸在中美洲的外交形勢。眼前的這個球場，對於財大氣粗的中共，用作慰勞第一個投誠的中美洲小弟，實在是物有所值。

華人中美移民史

哥國足總的華裔主席只屬冰山一角，華人在巴哥兩國的歷史和社會佔有一席之位。哥國不僅有拉丁美洲首位太空人張福林金、史學家陳月靈等著名華裔人士，甚至二〇一四－一八年在位的總統 Luis Solís，也有牙買加和華裔的血統。至於巴拿馬，著名華人有首位華裔大法官鄭仲衡、詩人陳昆慶和歷史學家兼作家譚堅等，不少華裔才俊也漸漸登上政壇，任職高官或加入政黨。此外，曾經效力西甲球隊馬拉加的國家隊後衛 Roberto Chen 也有華裔的血統。

有別於危地馬拉等原住民為主的國家，哥巴兩國的人口組成比較多元化。於殖民地時期，由於哥國所在地的原住民人口不足，宗主國自西班牙引入勞工，成為現今歐洲白人血統佔多數的主要背景。哥國也因而自視為「中美洲唯一的白人國家」，其白人血統主要源自西班牙、巴斯克和葡萄牙，也有少量意大利和猶太人。然而，所謂的「白人國家」並非事實，哥國的人口組成中，美洲原住民、非洲黑人和華人等也佔頗大比例。

現時四百多萬哥國人口中，有華人人口有大約五萬，是其中一個主要的少數族裔。至於巴拿馬的華人人口，更是中美之最。由於種族主義之慮，人口普查不得以種族劃分，因此確實數字難以掌握，估計已有十七萬之多，還未計算偷渡而來的隱形人口。跟哥國的背景相似，非洲黑人和華人移居巴拿馬的淵源，跟當年大力興建基建的黑奴和華工歷史關係密切。然而，不可忽視的是，兩國的華人落地生根已歷數代，既有失去華人姓氏的例子，也有不少已跨種族通婚，因此，華人在兩國社會的影響力，比上述數字反映更深。

華人移居中美洲的歷史，要從「賣豬仔」時代說起。鴉片戰爭後，人口販子在中國，或掠奪綁架、或巧言誘騙，或以契約華工的形式，將華人販賣到世界各地，包括拉美國家如古巴、秘魯和巴拿馬等。

根據譚堅的《巴拿馬華僑150年移民史》，首批華工於一八五四年抵達巴拿馬，從事興建鐵路的工作。根據周麟的〈哥斯大黎加早期華人初探〉一文，早於一八五五年已有首批為數七十七名的華人，從巴拿馬被引進哥國。為興建中央山谷及大西洋岸鐵路，哥國分別於一八七三年及一八八七引進六百多名及二千名的華工。當時的華工受盡歧視、凌虐和不公，生活與奴隸無異。

其後，美國覬覦巴拿馬運河的建造權以及建成後的龐大軍事及經濟利益，於一九〇三年鼓勵原屬哥倫比亞的巴拿馬獨立。一九〇四年，巴拿馬運河動工開鑿。這項貫通兩大洋的計劃，被視二十世紀最浩大的工程之一，耗時十年，僱用的工人逾七萬人。大量以牙買加為首的英屬西印度群島人，成為核心的勞動力，成千上萬的華工也投身運河興建工程。

以擔任基建勞工為契機，華人正式開展移居中美的故事。十九世紀末，各國中止變相奴隸制的契約華工貿易，華人在兩國的生活稍有改善。然而，無獨有偶，兩國於二十世紀初皆有歧視華人的措施，華人分別被視為「討厭的公民」和「有害種族」，巴國曾經向華人徵收人頭稅，甚至被變相沒收資產、廢除國民身分等，哥國也有針對華人的入境禁令。

即使如此，為求改善生活的可能，願意越洋過海的華人仍源源不斷。在兩國定居的華人，站穩陣腳後便開始以各種方式，包括合法申請，或是非法行徑如偷渡、假身分、假護照等，協助鄉里和後輩來到中美，華人漸漸壯大成為兩國社會中的重要社群。時至今日，歧視的政策不僅早已消除，在民族熔爐的兩國，華人一方面以中文學校、華文媒體、商會或僑社等方式凝聚、維繫中華文化，另一方面也成功融入兩國的主流社會。

隨著中共大國崛起，曾經飽受歧視的華裔人口自然擁有優勢，準備把握機遇、大展拳腳。至於這個中國，是舊愛的中華民國，還是新歡的中華人民共和國，只要在「大中華認同」之下矇混過去就好。

他鄉尋找的故事

細看中美洲的華僑歷史，讓我整理過往與華僑接觸的故事。畢竟人非數字或文字，都是具思想感受、有血有肉的生命。華僑的故事，不止是轉換生活環境的問題，更是關乎人生的哲學命題，是個人的價值取捨。

在「永恆的」亞視尚未名存實亡之際，曾有一輯出色的節目《尋找他鄉的故事》，相信大家都耳熟能詳。[5] 經典的背景音樂《Dance of Sarasvati》，加上King Sir的深情旁白，的確能帶人進入每個「異鄉人」的內心，感受到他們的困難、掙扎和堅韌。[6] 節目播出的時候，仍然年青的我，不太明白移民到底是怎麼回事。一群移居海外的華人，他們的生命故事，於我又有何干？

第一次探索「華僑」的身分和生活，是於人生首次歐洲之旅。那是畢生首次的大旅行，從香港陸路直奔歐洲，至今難忘。在旅程尾聲的時候，我來到荷蘭，因為家人網絡的關係，得以寄住在華僑鄭叔叔的家。跟許多華僑的故事相近，鄭叔叔年青時為了生活，決定往外闖，一來便是數十年。他們一家人經營中國餐館，生活在荷蘭的小鎮。偶爾隨鄭叔叔往阿姆斯特丹，許多在唐人街的人都認識他。雖然沒有

5 「永恆的」亞視：指亞洲電視有限公司，為香港電視台，於二〇一六年倒閉，其後轉型為網絡電視。常被揶揄「死唔斷氣」，網絡上有「亞視永恆」的說法。

6 King Sir：鍾景輝，香港舞台劇演員、電視劇演員、電視台主持人。

太多深入的傾談，但當時的叔叔給我一種愁眉不展的形象，彷彿總是為生意、為生活而苦惱。在他的口中，像他們這種「老華僑」，雖然看似風光，但是有苦自己知。生活在荷蘭多年，事業家庭已跟這片土地難以分割，生活早成為一種習慣。相比日漸遠離的香港，荷蘭才是他當下生活的所在，那片家人仍然生活的故土，反倒有一種「已經回不去」的唏噓。

然而，生活在外國人地方，即使習慣了語言、環境和制度等，他但始終有一種「不完全屬於自己」的感覺。處於兩難之中，內外不是人。「半人半鬼」，是鄭叔叔的自嘲。身分認同的迷失，在內心掙扎後，他繼續順從日常生活的慣常或惰性。這是我首次接觸的華僑的內心世界。

此後，我曾經造訪「華僑之鄉」開平，遊走在各大小碉樓之間，開始進一步思考華僑的心態和生活。從十九世紀開始，因國內生活困難，開平有大量移民前往海外「尋金」。當中有部分「衣錦還鄉」，建房買地，而「華僑之鄉」的經濟更可說是依賴僑民的匯款。立園、自力村、赤坎等建築，不是事業有成的華僑回流修築，就是由僑民匯款建成。開平見證華僑歷史，亦表現其風光一面。無論回流與否，不少華僑始終心繫家國。在各座祠堂留名的子孫，其名字背後又見證了多少生活的期盼與辛酸？

食桌與親情

我在巴拿馬的日子，讓我得以延續這多年的思考。從哥倫比亞乘坐帆船來到巴拿馬，有幸經朋友林輝介紹，住進巴拿馬城（Ciudad de Panamá）的香港僑民Wendy和Terry的家。這一對阿輝口中的「大好人」夫婦，果真是名不虛傳。面對親切、友善和好客的他們，「厚面皮」的我（我的朋友都這樣說……）確是賓至如歸，愜意自在，一住就是一星期多。

能夠住進當地人家，已經是十分感激。可是，我從沒有想到可以住得如此舒適！

他們的家比我想像中的大得多，是一幢複式別墅，我甚至可以擁有自己的房間。加上久違的家常菜和熟悉的廣東話，對於飄泊的旅人而言，第一晚已經感動得想哭。

Terry 的兄長移居巴拿馬二十多年，十多年前他們也因家人和事業來這邊發展。相比理髮的老本行，現職汽車零件生意的 Terry，在收入和工時上也較過往理想。相比之下，如果仍待在香港，實在難以達到現有的物質生活水平。

可是，移民的生活也並非一片光明，文化差異固然存在，但治安問題，卻最令人困擾。在數年間，Terry 的店鋪就曾兩度被械劫，更曾親身被手槍指嚇。新聞上的街頭槍戰片段，或是華人被綁架殺害、甚至有朋友被殺等，始終令生活無法不擔驚受怕。另一方面，患有唐氏綜合症的女兒柔柔，所得到的教育和福利，亦不及在香港全面。

唯最令 Wendy 難受的，始終是跟家人分隔異地。在匱乏的家庭中成長，作為二家姐的 Wendy 幾乎兼代母職，自小照顧各弟妹，因此與其手足父母的關係非常緊密。面對陌生的環境，生活中不免困難。雖然手足間每天保持通訊，也給予她許多的支持，但始終無法全然取代親身相處。而且，不能在身邊照顧父母，更令孝順的她無法釋懷。每到痛處，卻只能在地球的另一邊獨自垂淚。始終會回流香港，只願作為巴拿馬的過客，是他們心中的想法。

那麼在生活中的掙扎間，他們追求的究竟是甚麼？不是所謂的「大屋靚車」，我會形容，他們是以「食」來感受幸福感的一家人！

對煮食堅持，也煮得一手好菜的 Wendy，擁有的寬敞的廚房，堪稱是每一個愛下廚的人的夢想！其長年塞滿食材的兩個雪櫃，令我相信他們會是飢荒中最後免於餓死的一家人。有趣的是，他們真的會開「家庭會議」，討論翌日的早晚餐的餸菜。屋內的話題，經常圍繞美食或煮食竅門等，常常說得眉飛色舞。雖然要吃得好，但不是要吃的富貴。背後滿足的不止是味蕾，為的，都是席上跟家人共享美食的幸福感！

正如 Wendy 說過，她喜歡下廚，是因為能看到所愛的人享受的食相。或許都是大家庭中成長，我明白她所指的，從家庭熱鬧中感受愛。日常生活，就是由友人不時到訪共膳、氣氛愉快的閒話家常、女兒的天真笑料和小聰明等編織而成。廚房和飯桌間，就是一家人幸福的根源。

這是一個生活簡單而充滿愛的家庭。夫妻恩愛，對話風趣、輕鬆而不失關顧。面對患病的女兒，他們的照顧無微不至，幾乎每一個話語和動作，都充滿關懷。我很記得 Wendy 回應互助小組成員向上天埋怨時，她所說的話。「就是因為我們是好人，有能力去愛。上天才讓我們照顧這類人，否則已是不完美的他們，還要生於不好的人家，不是更不幸嗎？」在他們眼中，女兒仍是最美的。無論身在何處，一家三口的愛都從不改變。

不管是三小口的原生家庭，還是手足的大家族，在他們的生命中，或其生活的根本，還是情。

默默耕耘地生存

在現時巴拿馬的華人人口中，九成來自廣東省，其中有大約七成來自廣州花縣。沒想到，這些資料和數據離我如此的接近。因為母親的鄉下，就是花縣。在我這一輩中，以我回花縣鄉下最多。小時候，幾乎每一年都回鄉一次，村中大部分人都認識我，而我的「表哥表姐」以及一眾年齡相近的擬似親戚，都是以這種形式伴我長大的。數年前，其中一位表姐突然接受陌生的巴拿馬華僑求婚，轉眼就嫁到巴拿馬來。既然來到中美洲，無論表姐怎樣形容為自己身處的是「無嘢好睇的鄉下地方」（呃……也真的是事實……），我也當然會探望她。而她，又是另一個全然不同的華僑故事。

陌生的表姐夫駕車來巴士站接我回到他們的家。這是一座兩層的平房，地下是小超市連車房，他們住在二樓的居所。小超市的規模不大，算是很典型的小生意。多年來，表姐夫婦倆就是務實地營運這一家小超市，既沒有轉型擴張，也沒有思考改善，全都只是親力親為，沒有聘請半個員工。如是者，兩人每天晨早開舖，至晚上十時左右才休息，日子就在默默耕耘地過。因為這工作模式，表姐的家可說是凌亂不堪（這就別看相片好了），一家人同桌食飯的機會也不多，更莫說是對子女功課的指導了。

正如 Wendy 一家所言，巴拿馬大部分的華僑，都在埋首工作，不會旅行輕鬆一下，也很少參與或投入主流社會。從表姐口中常說的種族歧視說話，也可印證這點。如她總會稱華人以外的為「鬼」，然後貼上「懶、信不過、危險、不要跟他們來往」等標籤。這種對其他種族的標籤，完全是出於典型中國小女人的無知和狹隘，卻沒想過可能對他人造成的傷害。我想，這世界就是有不少這樣的人，才會有敵對、紛爭和不理解的。而他們一家的娛樂之少，也確是符合華僑的印象，或者我在巴拿馬一個月到訪過的地方，比她十年來還精彩。

十多年前，越洋半個地球，從厄瓜多爾到巴拿馬險死還生地偷渡而來，表姐總算在這異地開展了新生活，建立了新家庭。然而，對過去的內心掙扎、對故鄉家人的思念、半年內兩度被械劫的治安問題、從來沒有融入主流社會等，都是其他鄉之苦。勤奮工作，默默耕耘，生活就為了生存，正是另一種華僑生活的例子。

這一別，也許不再相見……表姐的不捨，突顯來到他鄉的孤獨。「一個農村女人茫然嫁到海外，其實生活真的有更好嗎？」直到最後，我都沒有問她這個問題，或許她也無法回答。

離開是為了「搵食」

離開表姐家，繼續前行。表姐拜託表親峰哥在邊境城鎮 Changuinola 接濟，也令我感受第三個華僑故事。峰哥的家，樓下是貨倉，樓上的居所算是簡樸。除了批發生意，峰哥最近又在小社區又開了新一家的小超市。據峰哥所言，巴拿馬大部分中國人，都是靠這種小超市起家的。他說開店大約要六萬美元，約一年便可回本了。在巴拿馬做生意，只要肯做，賺錢比國內快得多。

繼表姐夫以後，峰哥又鼓勵我考慮來巴拿馬「搵食」，我謝謝他的好意，「邀請人來發展」是否這都是華僑的特點呢？因為「搵食較容易」，華僑都愛安排親友移居到來。一頓早茶時間，峰哥已向我介紹不少朋友和親戚，他表示這裡全都是「自己人」，他們已在此建立了大家庭，也不用想著回國內了。

峰哥的話題經常圍繞「搵食」和「賺錢」，工作也忙得不可開交。他表示巴拿馬本地人大都只有三百多元美金月薪，較好的工作也只是千多元，最好的政府工也不過二千。他說好些本地人靠生意賺到三千多美元，便在趾高氣揚，看不起中國人，但他們根本不知中國人在這裡如此能賺。如果經營有道，每月收入八千美元也不足為奇。「那麼，既然這種小超市如此好賺，為何總是由中國人經營呢？」峰哥說因為中國人普遍肯做肯搏，有拚勁，願意長時間開業，很少休息關門，而且日常生活也不會太大開支。

「為何好像每個華僑都可做生意呢？」（至少我自信不是做生意的材料）他表示因為有華人族群的支援，只要有人肯擔保，便可提供借貸。例如三萬美元，分三年還，每月只需一二百元的利息，在營運的利潤中綽綽有餘。加上開小超市並不須要太多知識技能，如是者，以華人社群的網絡和資本，許多華僑都由小超市做起，慢慢地賺到一定的資本再轉型或擴張。總是在想「趁後生拚命賺錢」，每天由早上七時，工作至凌晨一時的峰哥，正好是海外華僑力爭上游的例子。

華人，往往是很生活化的民族，只要「活得更好」便可以了。可是，何謂「活得更好」？三個家庭，有三個不同的解讀。他們相信甚麼？追求甚麼？只求生存並活在自己的堡壘？決心跟新環境互動與植根，並打拼出自己的一片天？還是始終視分隔異地的親人，以及那經歷大半生的鄉土，才是心靈的歸屬？

於二〇一九年那些蕩氣迴腸的歲月裡，香港人寫下了歷史的新一頁，也推動歷史的巨輪轉動。「新香港」秩序重寫，無人知曉往後的日子變成怎樣。在極度恐慌、不忿、無力之下，觸發香港新一輪的移民潮。離開巴拿馬之際，我想起自己親人的故事。迄今為止，我在北美唯一的足跡，不是旅行，而是探望身在加拿大的病重時的爺爺。爺爺嫲嫲與三叔，於九〇年代初期，移民加拿大，會合早於八〇年代初開始在該地生活的大伯。

在那寒風凜冽的日子，千里尋親，帶點悲涼孤寂。面對聚少離多的親人，畢生首次相見的大伯，一種熟悉又陌生的感覺。親人，究竟是怎麼一回事？飯桌上的許多張臉和語氣，都有父親的影子，也有親人的關顧，卻不知話題從何說起，幾近由零開始的互相認識。明明應該是血濃於水，但卻又沒甚感情基礎與共同經歷，在親近和可靠中卻感空虛。陪伴著從小就很寵愛我的阿爺阿嫲，卻只有童年時那模糊的印象和感覺。

我們之間，仍然有愛，卻總像欠缺了甚麼。一家人，二十多年，就這樣分隔了，時間也回不來了……現在，阿爺阿嫲都已相繼入土為安。我們之間僅餘的連繫，便剩兩老在香港曾住過的單位，以及我僅有的回憶了。

深明家族離異之苦，我曾經以為自己永遠都不會離開這片土地。親人、朋友、回憶、對這片土地的感情，所有的一切都放不下。作為旅人，我自信有一定的適應力，也對異國文化態度開放。然而，也是因為作為旅人，我更明白「家」只有一個。一時之間，去或留成為許多友儕間的必然話題，也是個人的人生抉擇。留下的為甚麼而留下？離開的又為甚麼而離開？主動改變居住環境，是選擇；留在被改變的環境，也都已是選擇。

為了「搵食」，延續個人事業，不欲放下身段、重新上路，是經濟考慮。擔憂人生劇變，礙於適應疑慮，是安全感考慮。無法割捨留港的親人朋友，以至熟悉的一切，是情感連繫的考慮。

如果移居是為了「活得更好」，所謂「活得更好」究竟只是生存？還是在生存以上，仍然對核心價值有所追尋？是要堅守家園，還是轉換另一片土地，將信念和價值觀延續？只要生命的意義不止於求生存，無論去留，都是兄弟爬山，各自演繹、各自努力。

歷史掀開新一頁，我們將會寫下甚麼？

哥斯達黎加國家球場造價1.1億美元，由中資背景公司承包建造，被視為兩國建交後，中國饋贈的一份厚禮。

哥國雖為小國，但足球氣氛濃厚，圖為LDA球迷在場打氣。

來自家鄉的表姐，經營當地華僑最典型的小超市。

首次觀看中北美洲及加勒比海聯賽冠軍盃，以洲際球會級最高賽事以言，水平尚待提升。

哥斯達黎加以生態旅遊聞名，旅客可望遇見樹懶等野生動物。

我訪問 LDA 期間，努力突破語言障礙，友善招待我的職員。

跋

前行的力量

《叛逆拉美》與《覺醒南美》兩部作品成書在即。夜闌人靜，湧上心頭的，卻是我在過程中所壓抑的無數眼淚。[1]

這兩部作品其實是為了我自己而寫的。為了逃避無盡的痛悲，為了填補空洞的無力，為了留下真誠的家書。二〇一九年，我的人生被劈開，從此前半生與後半生赫然分離。那一年，我所有的家都毀了，所珍重的人和事散落一地，支離破碎、懸在半空、無處可依。

直到某天確認，生命的路還得繼續時，卻舉步維艱、難以寸進。於內外的風風雨雨下，我決定重新執筆。寫作讓我得以一頭鑽進書本內，閱讀他方的歷史，細聽別人的故事，回憶過去的旅程，暫時逃離痛的侵擾。

然而，撰寫拉丁美洲篇是艱鉅的，不僅是因為自己不學無術，既對彼邦認識皮毛，而搜尋西語系資料更是困難重重，更甚者，是所觸碰的情緒之巨，令我難以平伏。從歷史到今天、美洲到香港、他者至自身，每一部分都充滿眼淚。有時我必須麻痺知覺、切斷感性，方能繼續書寫下去。

拉丁美洲，是少數我曾旅居過，卻仍感到魔幻的地方。拉丁美洲，是夢想幻滅、是暗地垂淚，是純真、是堅持、是希望、是黑暗，也是遺憾。

1 特別鳴謝波波（FB : llabllab，IG : ballball_travel）慷慨分享攝影作品予本書之用（以哥倫比亞及阿根廷為主）。

成書之時，方發現又走過了一段小路。感謝拉美、感謝寫作、感謝每段緣份，讓我重拾旅者的初衷，回歸個人的起點，保持對世界好奇、堅持人性的關懷。

曾經走到世界的盡頭，明白人生無法「由頭嚟過」。只盼帶著傷痛與遺憾的過去隨身，仍能學習自處，走出未來。

謹將本作獻給伴我走在抑鬱低谷的你

5201314

阿大

10/2022

參考資料

● **專書：**

Gaffney, C. T. (2008, December 1). *Temples of the Earthbound Gods: Stadiums in the Cultural Landscapes of Rio de Janeiro and Buenos Aires* (Illustrated). University of Texas Press.

何國世：《在地球的彼端：拉丁美洲》（台北：五南，2015）。

大衛．哥德布拉特著，韓絜光、陳复嘉、劉冠宏譯：《足球是圓的：一部關於足球狂熱與帝國強權的全球文化史》（台北：商周，2018）。

張翠容：《拉丁美洲真相之路》（台北：馬可孛羅，2009）。

戈德布拉特著，搜達足球譯：《足球王國：巴西足球史》（北京：中國長安出版社，2014）。

林輝：《旅行是一場修行》（台北：時報，2015）。

西蒙．庫珀著、史蒂芬．西曼斯基著，馬睿譯：《足球經濟學：為什麼英格蘭總是輸？》（北京：中國輕工業出版社，2010）。

愛德華多．加萊亞諾著，張俊譯：《足球往事：那些陽光與陰影下的美麗和憂傷》（廣西：廣西師範大學出版社，2010）。

• 電影

Jeff Zimbalist, Michael Zimbalist. (2010). *The Two Escobars.*

• 期刊學報

Cadavid, J.M.R.. (2013). Collective memory and governance through graffiti in Medellin, Colombia. *Séptimo Congreso Latinoamericano de Ciencia Política, Septiembre 2013.*

Duarte Bajaña, Ricardo. (2017). Transforming soccer to achieve solidarity: 'Golombiao' in Colombia. *Soccer and Society.* 18. 368-373.

Gottheim, V.I.. (1988). Bumba-meu-boi, a Musical Play from Maranhão. *The World of Music,* 30(2), 40-68.

Lopes, J.S.L.. (2000). Class, ethnicity, and color in the making of Brazilian football. 129. 239-270.

Marshall, April. (2008). Representing Suffering: El dolor de Colombia en los ojos de Botero. *Hispanic Research Journal.* 9. 479-493.

Watson, M.. (2018). "It Tells All Of Our History!": The Boi-Bumbá Festival of Manaus. *Journal of Anthropological Research,* 74(1). 74-99.

楊發金：〈拉美華僑華人的歷史變遷與現狀初探〉，《華僑華人歷史研究》2015 年第 4 期，夏 37-46。

莉娜・盧納：〈哥倫比亞和平進程：歷史背景、發展和展望〉，《拉丁美洲研究》第 39 卷第 6 期（2017 年 12 月），頁 56-71。

詹惠雅：〈窺探毒梟之鄉——哥倫比亞貧民區的重生〉，《矯政》2018 年 7 月。頁 192-208。

馬科斯・科斯塔・利馬著，曹亞雄、劉雨萌編譯：〈巴西的歷史、文化和身份認同的反思〉，《文化軟體力研究》2017 年第 5 期，80-88 頁。

譯名對照表

球員				
頁數	港譯	原文暱稱	全名	台譯
12	比利	Pelé	Edson Arantes do Nascimento	比利
15	蘇古迪斯	Sócrates	Sócrates Brasileiro Sampaio de Souza Vieira de Oliveira	蘇格拉底
15	李維連奴	Rivellino	Roberto Rivellino	里維利諾
15	渣仙奴	Jairzinho	Jair Ventura Filho	雅爾金諾
22	朗拿度	Ronaldo	Ronaldo Luís Nazário de Lima	羅納度
45	費特	Fred	Frederico Chaves Guedes	佛雷德
45	古天奴	Philippe Coutinho	Philippe Coutinho Correia	庫蒂尼奧
45	大衛雷斯	David Luiz	David Luiz Moreira Marinho	大衛・路易斯
45	菲臘比路爾斯	Filipe Luís	Filipe Luís Kasmirski	菲利佩・路易斯
46	費明奴	Roberto Firmino	Roberto Firmino Barbosa de Oliveira	羅伯托・費爾米諾
46	泰迪利	Diego Tardelli	Diego Tardelli	迪亞哥・塔爾德利
47	卡卡	Kaká	Ricardo Izecson dos Santos Leite	卡卡
47	盧斯奧	Lucio	Lucimar da Silva Ferreira	盧西奧
47	尼馬	Neymar Jr.	Neymar da Silva Santos Júnior	內馬爾
47	泰亞高施華	Thiago Silva	Thiago Emiliano da Silva	蒂亞戈・席爾瓦
47	韋利安	Willian	Willian Borges da Silva	威廉
48	丹尼爾艾維斯	Daniel Alves	Daniel Alves da Silva	丹尼爾・阿維斯
48	施薩	Júlio César	Júlio César Soares de Espíndola	尤利奧・賽薩爾
59	羅賓奴	Robinho	Robson de Souza	羅比尼奧
59	迪亞高	Diego	Diego Ribas da Cunha	迪亞哥
59	阿歷斯	Alex	Alex Rodrigo Dias da Costa	亞萊士
59	甘素	P.H. Ganso	Paulo Henrique Chagas de Lima	甘索

譯名對照表

球員				
頁數	港譯	原文暱稱	全名	台譯
60	普斯卡斯	Ferenc Puskás	Ferenc Puskás	普斯卡斯・費蘭
62	加連查	Garrincha	Manoel Francisco dos Santos	加林查
62	迪迪	Didi	Waldyr Pereira	迪迪
71	伊度奧	Samuel Eto'o	Samuel Eto'o Fils	薩繆爾・艾托奧
71	桑治	Alexandre Song	Alexandre Dimitri Song Billong	亞歷士・宋
71	C 朗拿度	Cristiano Ronaldo	Cristiano Ronaldo dos Santos Aveiro	C 羅納度
73	美斯	Messi	Lionel Andrés Messi	梅西
75	薛羅拔圖	Zé Roberto	José Roberto da Silva Júnior	澤・羅伯托
76	尼爾馬	Nilmar	Nilmar Honorato da Silva	尼爾馬
76	祖安	Juan	Juan Silveira dos Santos	胡安
76	迪達	Dida	Nélson de Jesus Silva	迪達
76	路爾斯・安達臣	Luís Anderson	Anderson Luís de Abreu Oliveira	安德森
76	艾利臣	Alisson	Alisson Ramses Becker	阿里森
78	干卡	Darío Conca	Darío Leonardo Conca	孔卡
78	奧斯卡	Oscar	Oscar dos Santos Emboaba Júnior	奧斯卡
88	薛高	Zico	Arthur Antunes Coimbra	奇哥
94	羅馬里奧	Romário	Romário de Souza Faria	羅馬里歐
99	李華度	Rivaldo	Rivaldo Vítor Borba Ferreira	里瓦爾多
99	白必圖	Bebeto	José Roberto Gama de Oliveira	貝貝托
99	朗拿甸奴	Ronaldinho	Ronaldo de Assis Moreira	羅納迪諾
128	瑪達	Marta	Marta Vieira da Silva	瑪塔
137	列查理臣	Richarlyson	Richarlyson Barbosa Felisbino	

譯名對照表

球員				
頁數	港譯	原文暱稱	全名	台譯
142	伊達	Éder Aleixo	Éder Aleixo de Assis	
142	法卡奧	Falcão	Paulo Roberto Falcão	法爾考
142	祖利亞	Léo Júnior	Leovegildo Lins da Gama Júnior	儒尼奧爾
152	科蘭	Diego Forlán	Diego Forlán Corazo	迪亞哥・佛蘭
157	薩拉耶達	Marcelo Zalayeta	Marcelo Danubio Zalayeta	馬塞洛・薩拉耶塔
157	列高巴	Recoba	Álvaro Recoba	阿爾瓦羅・雷科巴
163	蘇亞雷斯	Luis Suárez	Luis Alberto Suárez Díaz	蘇亞雷斯
199	馬勒當拿	Diego Maradona	Diego Armando Maradona Franco	迪亞哥・馬拉度納
208	希基達	René Higuita	José René Higuita Zapata	勒 ・伊基塔
208	米拿	Roger Miller	Albert Roger Miller	羅傑・米拉
210	華達拉瑪	Carlos Valderrama	Carlos Alberto Valderrama Palacio	卡洛斯・華達拉馬
210	艾斯派拿	Tino Asprilla	Faustino Hernán "Tino" Asprilla Hinestroza	法斯蒂諾・阿斯普里拉
210	連干	Freddy Rincon	Freddy Eusebio Rincón Valencia	林孔
210	安德烈斯・艾斯高巴	Andrés Escobar	Andrés Escobar Saldarriaga	安德列斯・埃斯科巴
211	赫傑	Gheorghe Hagi	Gheorghe "Gică" Hagi	格奧爾基・哈吉
211	靴里拉	Chonto Herrera	Luis Fernando Herrera Arango	
211	高美斯	Gabriel Gómez	Gabriel Jaime Gómez Jaramillo	
244	基羅拿華斯	Keylor Navas	Keylor Navas	凱洛爾・納瓦斯
244	祖爾甘保	Joel Campbell	Joel Nathaniel Campbell Samuels	喬伊・坎貝爾
244	雲祖柏	Paulo Wanchope	Paulo César Wanchope Watson	保羅・萬喬普

球會				
頁數	港譯	原文暱稱	全名	台譯
54	彭美拉斯	Palmeiras	Sociedade Esportiva Palmeiras	帕梅拉斯
54	高士路	Cruzeiro	Cruzeiro Esporte Clube	克魯塞羅
54	法林明高	Flamengo	Clube de Regatas do Flamengo	佛朗明哥
55	華斯高	Vasco da Gama	Club de Regatas Vasco da Gama	瓦斯科達伽馬
58	山度士	Santos	Santos Futebol Clube	桑托斯
75	國際體育會	S.C. Internacional	Sport Club Internacional	國際體育會
76	維拉里爾	Villarreal CF	Villarreal Club de Futbol	比利亞雷阿爾
76	羅馬	A.S. Roma	Associazione Sportiva Roma	羅馬
76	AC 米蘭	A.C. Milan	Associazione Calcio Milan	AC 米蘭
76	利物浦	Liverpool F.C.	Liverpool Football Club	利物浦
76	費倫天拿	Fiorentina	ACF Fiorentina	佛倫提那
77	PSV 燕豪芬	PSV Eindhoven	Philips Sport Vereniging	PSV 恩荷芬
77	巴塞隆拿	Barcelona	Futbol Club Barcelona	巴塞隆納
78	賓菲加	Benfica	Sport Lisboa e Benfica	本菲卡
78	車路士	Chelsea	Chelsea Football Club	切爾西
78	富明尼斯	Fluminense FC	Fluminense Football Club	富明尼斯
79	哥連泰斯	Corinthians	Sport Club Corinthians Paulista	哥林多人
79	聖保羅	São Paulo	São Paulo Futebol Clube	聖保羅
84	保地花高	Botafogo	Botafogo de Futebol e Regatas	博塔弗戈
84	伽瑪	SE Gama	Sociedade Esportiva do Gama	伽瑪
85	葡萄牙族群球會	Portuguesa	Associação Portuguesa de Desportos	波圖基沙
99	明尼路	Atlético Mineiro	Clube Atlético Mineiro	米內羅
112	阿美尼加	América	América Futebol Clube	阿美利加

譯名對照表

球會				
頁數	港譯	原文暱稱	全名	台譯
112	甘美奧	Grêmio	Grêmio Foot-Ball Porto Alegrense	格雷米奧
122	保利斯塔競技	Paulistano	Club Athlético Paulistano	
145	巴伊亞	Bahia	Esporte Clube Bahia	巴伊亞
154	皇家馬德里	Real Madrid C.F.	Santos Futebol Clube	桑托斯
154	小保加	Boca Juniors	Club Atlético Boca Juniors	博卡
154	河床	River Plate	Club Atlético River Plate	河床
154	彭拿路	Peñarol	Club Atlético Peñarol	佩納羅爾
154	國民隊	Nacional	Club Nacional de Football	國民足球會
157	祖雲達斯	Juventus	Juventus Football Club S.p.A	尤文圖斯
158	國際米蘭	Inter Milan	Football Club Internazionale Milano	國際米蘭
161	阿積士	AFC Ajax	Amsterdamsche Football Club Ajax	阿賈克斯
169	艾比安	Albion F.C.	Albion Football Club	
199	國民體育會	Atlético Nacional	Atlético Nacional S. A.	國民競技
200	麥德林獨立	Independiente Medellín	Deportivo Independiente Medellín	麥德林獨立
200	阿根廷競賽會	Racing Club	Racing Club de Avellaneda	競賽隊
200	百萬富翁	Millonarios F.C.	Millonarios Fútbol Club	米倫拿列奧
201	卡利美洲	America de Cali	América de Cali S. A.	卡利美洲
235	查比高恩斯	Chapecoense	Associação Chapecoense de Futebol	沙佩科恩斯
246	薩普里沙	Saprissa	Deportivo Saprissa	薩普里薩
246	阿拉祖蘭斯	Alajuelense	LDA, Liga Deportiva Alajuelense	阿拉胡埃倫斯
246	希雷迪亞洛	Herediano	Club Sport Herediano	希雷迪亞洛
254	米禾爾	Millwall	Millwall Football Club	米爾沃

腳下魔法——叛逆拉美：

從初代霸主到足球王國，由毒梟經濟到國際關係，走進歷史的足球旅行

作　　者 | 李文雋
責任編輯 | 馮百駒
編輯協力 | 蘇朗欣
封面設計 | 吳為彥
內文排版 | 王氏研創藝術有限公司
印　　刷 | 博客斯彩藝有限公司

一八四一
社　　長 | 沈旭暉
總 編 輯 | 孔德維
出版策劃 | 一八四一出版有限公司
網　　站 | 1841.co
地　　址 | 105 臺北市寶清街 111 巷 36 號
電子信箱 | enquiry@1841.co
Facebook | www.facebook.com/1841bookstore
Instagram | @1841.co

讀書共和國出版集團
社　　長 | 郭重興
發行人兼出版總監 | 曾大福
發　　行 | 遠足文化事業股份有限公司
網　　站 | www.bookrep.com.tw
地　　址 | 231 新北市新店區民權路 108-2 號 9 樓
電　　話 | (02)2218-1417
傳　　真 | (02)8667-1065
電子信箱 | service@bookrep.com.tw
郵撥帳號 | 19504465 遠足文化事業股份有限公司
客服專線 | 0800-221-029
法律顧問 | 華洋法律事務所 蘇文生律師

初版一刷 | 2022 年 11 月
定　　價 | 400 台幣
ISBN | 978-626-95956-6-2

國家圖書館出版品預行編目

腳下魔法——叛逆拉美 : 從初代霸主到足球王國 , 由毒梟經濟到國際關係 , 走進歷史的足球旅行 / 李文雋著 . -- 初版 . -- 臺北市 : 一八四一出版有限公司出版 : 遠足文化事業股份有限公司發行 , 2022.11
面 ;　公分 . -- (腳下魔法)
ISBN 978-626-95956-6-2(平裝)
1.CST: 遊記 2.CST: 旅遊文學 3.CST: 足球 4.CST: 拉丁美洲
754.8　　111017317